入門テキスト 商業簿記
Introduction to Bookkeeping

長崎大学会計学研究室 ［編］

第**2**版

JN087361

中央経済社

負　債	liability	第 1 章
買掛金	accounts payable-trade	第 3 章，第 5 章
借入金	loans payable	第 3 章，第 7 章，第 8 章
支払手形	notes payable	第 7 章
手形借入金	debt on bill	第 7 章
当座借越	overdraft	第 4 章
未払金	accounts payable-other	第 8 章
未払法人税等	income taxes payable	第12章
未払消費税	consumption tax payable	第12章
未払配当金	dividends payable	第11章
前受金	advances received	第 5 章
仮受金	suspense receipt	第 8 章
仮受消費税	suspense receipt of consumption taxes	第12章
預り金	deposit received	第 8 章
電子記録債務	electronically recorded monetary debt	第 8 章
未払費用	accrued expenses	第13章，第14章
前受収益	unearned revenue	第13章，第14章
純資産（資本）	net asset（capital）	第 1 章，第14章
資本金	capital	第 3 章，第11章
繰越利益剰余金	retained earnings brought forward	第 3 章，第11章
資本準備金	legal capital surplus	第11章
利益準備金	leagal reserve of retained earnings	第11章
当期純利益	net income	第 3 章，第14章
当期純損失	net loss	第 3 章，第14章

<損益計算書に関する勘定>

損益計算書	income statement	本書で該当する章
収　益	revenue	第 1 章，第13章
売　上	sales	第 5 章，第13章
受取利息	interest income	第 8 章
受取家賃	house rent income	第13章
受取地代	land rent received	第13章
受取手数料	commission income	第13章
受取利息	interest income	第 8 章，第13章
雑　益	miscellaneous	第 4 章
貸倒引当金戻入	reversal of allowance for doubtful accounts	第 9 章，第13章，第14章
償却債権取立益	gain on bad debts recovered	第 9 章，第13章
固定資産売却益	gain on sales of fixed assets	第10章，第13章
損　益	profit and loss	第 3 章，第11章，第14章
費　用	expense	第 1 章，第13章
仕　入	purchases	第 3 章，第 5 章，第13章
売上原価	cost of sales	第 3 章，第 6 章，第14章
広告宣伝	advertising expenses	第13章
支払利息	interest expenses	第 8 章，第13章
給　料	salaries	第 3 章，第13章

保険料	insurance expenses	第13章, 第14章
支払地代	payment rent	第13章
支払手数料	commission paid	第4章, 第5章
支払家賃	house rent expenses	第13章
修繕費	repair expenses	第8章, 第13章
消耗品費	supplies expenses	第4章, 第13章
発送費	delivery expenses, shipment expenses	第5章, 第8章, 第13章
水道光熱費	utilities expenses	第13章
通信費	communication expenses	第4章, 第13章, 第14章
旅費交通費	travel expenses	第4章, 第8章, 第13章
雑費	miscellaneous expenses	第4章
棚卸減耗費	inventory shortage	第6章, 第13章, 第14章
商品評価損, 棚卸評価損	loss on valuation of goods	第6章, 第13章, 第14章
雑損	miscellaneous loss	第4章, 第13章
手形売却損	loss on sales of notes receivable-trade	第7章
固定資産売却損	loss on sales of fixed assets	第10章
減価償却費	depreciation	第10章, 第13章, 第14章
貸倒損失	bad debt expenses	第9章
貸倒引当金繰入	addition to the allowance for doubtful accounts	第9章, 第13章, 第14章
租税公課	taxes and dues	第12章, 第14章
法人税	corporate income tax	第12章
住人税	inhabit tax	第12章
法人税, 住民税及び事業税	income taxes-current	第12章
法人税等	income taxes	第12章
固定資産税	fixed asset tax	第12章
事業税	business tax	第12章
自動車税	automobile tax	第12章
印紙税	stamp tax	第12章
消費税	consumption tax	第12章
法定福利費	legal benefits	第14章

は じ め に

　本書は，初学者向けの講義等で使用することを前提に出版した『入門テキスト商業簿記』の改訂版である。

　本書の初版は2014年に刊行された。その後，日本商工会議所簿記検定試験の出題範囲の見直しが行われた。これを受けて，初版では個人商店の商業活動を対象としていた内容を，株式会社の商業活動を対象とした内容に変更した。このほかにも出題範囲の見直しに対応した改訂を行っている。

　このような改訂を行っているが，本書で説明する簿記の記録計算の対象となる活動が商業活動であることは初版から変わってはいない。具体的には，商品の仕入・販売と，それを支える活動である。これらの活動は，利益を獲得することを目的として行われている。したがって，簿記の目的の1つは利益の計算である。逆にいえば，利益または損失は，簿記なくしては見ることができないのである。

　本書を通じて理解してほしいことは，この利益または損失の計算という目的のもと，商品売買活動を中心に行われるさまざまな商業活動の日々の記録と，それに基づき決算で行われる利益の計算までの一連の手続である。本書ではあまり触れていないが，これらの記録は証憑等に基づいているため，検証可能でもある。また，簿記の学習を通じて商品売買活動とそれを支える活動を意識することは，経営学等の学習にも役立つだろう。

　本書の内容は，第1章～第3章と，第4章～第14章の2つに分けることができる。

　第1章～第3章は，導入部分にあたる。ここでは，取引の記録から決算を通じた利益の計算までの一連の流れを学習する。第4章以降も同様のことが言えるが，簿記には独特の用語や記録の方法がある。これらに早く慣れることが，簿記の学習では不可欠である。

　第4章～第14章は，各論にあたる部分である。第3章までの知識を前提に，商業活動に従事する会社が営む多様な活動の記録の仕方とその記録に基づく決算の手続を学ぶ。また，各章を通じて，勘定と呼ばれる記録計算の場所が説明されるが，その名称（勘定科目）をできるだけ覚えることが必要である。

　本書で学ぶ簿記は，製造業など商業以外の業種における簿記の基本ともなる。そこで，本書の最後に補章として製造業の簿記の概要を簡単に紹介することにした。また，簿記の記録方法は世界共通であり，ビジネスの言語ともいわれる。このため，英語を付した勘定科目一覧表を作成した。

　本書の改訂にあたって中央経済社取締役専務の小坂井和重氏に大変お世話になった。この場を借りて心より御礼を申し上げる次第である。

2021年1月1日

執筆者一同

目　　次

各章末の［練習問題］の解答は，㈱中央経済社ホームページ（https://www.chuokeizai.co.jp）の本書の紹介欄に掲載しています。

第 1 章
簿記の概要

1 簿　記

(1) 簿記の意味

　会社が利益を上げることを目的とした活動を**営利活動**という。営利活動をしている場合，定期的にどれだけ利益または損失があったのかを計算する必要がある。この計算を**損益計算**という。

　たとえば，現金￥100を元手に営業を始めたとする。この現金￥100で商品を仕入れ，その商品に￥120という値段をつけ，さらに現金￥120と引き換えにこの商品を販売したとすると，この活動による利益はいくらであろうか。現在，手元にあるのは￥120の現金であるが，この現金をいくら眺めても￥120は￥120でしかない。

　利益を認識するためには計算が必要である。いうまでもなく，この場合には￥20の利益が計算される。しかし，利益を上げるために会社が実際に行う活動はきわめて多様であるため，記憶に頼った損益計算はできない。そこで，正確な損益計算のためには，すべての取引を秩序立てて記録し，その記録に基づいて損益計算をする必要がある。**簿記**は，損益を認識するための記録計算の手段である。

(2) ２種類の損益計算方法

　簿記は損益認識のための記録計算手段であるが，損益の計算は，人為的に設定した期間（通常は１年間）ごとに行われる。この期間のことを**会計期間**または**会計年度**，その最初の日を**期首**，最終日を**期末**または**決算日**と呼ぶ。損益計算は期末に行われる。そして，この計算結果は，**貸借対照表**と**損益計算書**と呼ばれる２つの計算表にまとめられる。これらの計算表を総称して**財務諸表**と呼ぶ。簿記の最終目標は，**財務諸表の作成**である。

　損益計算の結果が２つの計算表にまとめられるのは，損益計算には２種類の方法があるからである。先ほどの例で考えてみよう。

　第一の損益計算は，最初に持っていた現金￥100と現在の現金￥120とを比較する方法である。これを利益の結果計算ということにする。利益の結果計算は，最初に持っていた現金が現時点でどれだけ増減しているか，つまり期首と期末という２時点の比較に基づく計算である。なお，正確には，現金の純増減ではなく，純資産（資産と負債の差額）の純増減に基づく計算である。

　第二の損益計算は，商品の売値￥120と買値￥100とを比較する方法である。これを利益の原因計算ということにする。利益の原因計算では，商品仕入活動と販売活動を商品の買値と売値で表して利益を算定している。

　そして，これら２つの損益計算の結果は一致する。

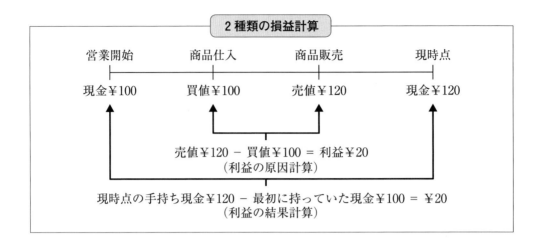

（3） 簿記一巡の手続：簿記の手続の流れ

　簿記では，財務諸表の作成という最終目標に向かって，次のような手続によって進められる。これを，**簿記一巡の手続**という。これは，大きくは，日々の取引を記録する段階と決算日における決算手続とに分けられる。

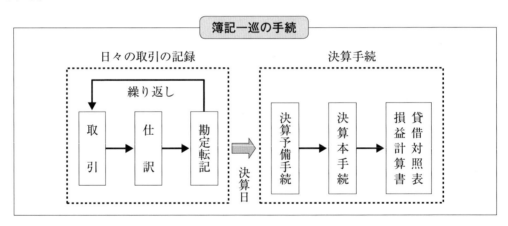

　日々の取引の記録とは，会社が毎日行う取引を記録することである。その目的は，次の決算手続を実施するためのデータの蓄積である。

　決算手続とは，決算日に行われるものである。具体的には，**決算予備手続**と**決算本手続**の2段階を経て，2種類の損益計算を行い，その結果を貸借対照表と損益計算書にまとめる手続である。

　これらの手続の概要は，次章以降で学ぶ。その前に，本章においては，全体的な手続の流れを把握してほしい。特に具体的な手続を学ぶとき，それが日々の取引の記録にあたるのか，決算手続にあたるのかを意識して学習することが必要である。

（4） 仕訳，勘定，借方，貸方

　簿記一巡の手続で述べた日々の取引の記録や決算手続では，仕訳と勘定転記という手続が行われる。これらは，仕訳帳と総勘定元帳と呼ばれる帳簿の上で行われる。

① 仕 訳 帳

仕訳は，次に示す**仕訳帳**と呼ばれる帳簿の上で実施される。

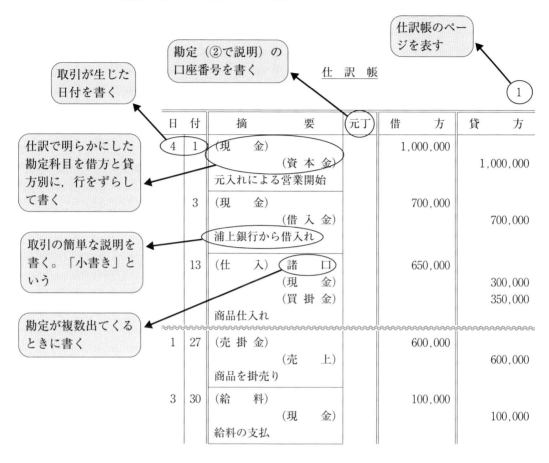

上記の仕入帳に記載の金額等は便宜的なものである。ここに記載されている，「現金」，「資本金」など摘要欄に記載されている勘定の意味は，次章以降で説明する。元丁欄は，仕訳帳から勘定へ転記した後，転記した勘定口座番号をここに記入する。この記人により，転記が完了したことがわかる。また，仕訳帳から関連する勘定を調べたいとき，番号が付してあれば，すぐに調べられるという利点もある。

なお，本書をはじめとする多くの簿記のテキストでは，仕訳は，以下のように簡略化して表示される。この独特の表記については第2章で説明するが，簿記の学習では，この表記に早く慣れることが必要である。

    4月○日　（借）　○○○　XXX　　　（貸）　△△△　XXX

② 勘定と借方・貸方

仕訳された結果は勘定に記入される。この手続を**勘定転記**という。**勘定**は，以下に示すような独特の記録形式をしている。会社では，非常に多数の勘定を利用するが，これらを1冊にまとめた帳簿が，**総勘定元帳**である。勘定の形式はアルファベットのTに似ていることから，**T字型**という。

各T字型には，勘定科目名として，「現金」，「資本金」等の記録計算の対象が表示される。また，このT字型は貸借対照表や損益計算書の表示においても利用される。

T字型では中心線より左側を**借方**，右側を**貸方**と呼ぶ。これらの用語は，T字型の中心線に向かって左側と右側という意味しか持っていない。

なお，本書をはじめとする簿記テキストでは，次のような簡略した形式を使う。本書でも，以下の形式を利用する。この表示の形式に早く慣れることも，簿記の学習では必要である。

(5) 帳簿組織

ここまで説明してきた仕訳帳と総勘定元帳を，**主要簿**という。これは，簿記の最終目標である財務諸表の作成のために不可欠なものである。しかし，主要簿だけでは取引の詳細や内訳がわからない。そこで，これらを記録するために**補助簿**と呼ばれる帳簿が設けられる。補助簿には，特定の取引の詳細を示す**補助記入帳**と，特定の勘定の内訳を示す**補助元帳**とがある。この主要簿と補助簿の全体を**帳簿組織**という。次に示すのは，帳簿組織の一例である。

Column
簿記を発明した人が誰か，いつできたのか正確にはわかっていません。500年前には成立していたようです。そして，次章以降で学ぶ独特な記録の仕方がなぜできたのかもわかっていません。「借方（かりかた）」と「貸方（かしかた）」という言葉も同じです。昔は，それなりの意味があったようですが，ここでは単にT字型の左側と右側という意味として理解しておきましょう。

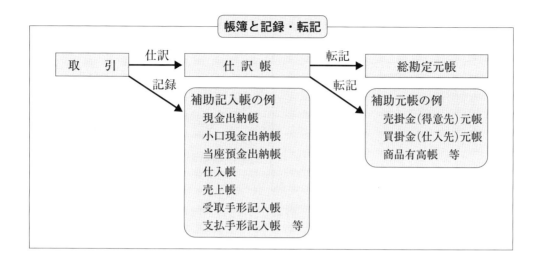

2　貸借対照表と損益計算書

⑴　貸借対照表とその構成要素

　貸借対照表は，会社が，決算日において，資産，負債，純資産の諸勘定の残高を一覧表にまとめたものである。その概略をＴ字型で表せば，以下のとおりである。

　貸借対照表は，借方に資産，貸方に負債と純資産に属する各勘定が記載された計算書である。これら3つの諸勘定の残高を対照表示した貸借対照表は，**財政状態**を表示するという。

　資産とは，会社が営利活動のために保有または支配している財産等である。

　負債とは，会社が営利活動において，将来時点で資産の流出を伴う義務等のことである。

　純資産は，資産と負債の差額である。営業開始時点であれば，これは株主が会社に出資した金額に等しい。営業開始後に増資した場合には，その金額だけ増加する。また決算日において利益があれば増え，損失が生じていれば減少する。

貸借対照表

主な資産勘定	主な負債勘定
現　金 売掛金 貸付金 備　品 建　物 土　地　など	買掛金 借入金　など
	主な純資産勘定
	資本金 繰越利益剰余金　など

　貸借対照表を作成するためには，決算日に，資産，負債および純資産を構成する各勘定の期末残高を把握しなければならない。簿記では，これらの期末残高を把握するため，期間中の取引が引き起こす資産，負債，純資産の各勘定の増減変動を記録する必要がある。この記録に基づいて各項目の期末残高を計算するのである。

　貸借対照表を損益計算の観点からみれば，期首と期末の純資産の純増減に基づく計算，すなわち純損益の結果計算となっている。

　　　損益 ＝ 期末純資産 － 期首純資産

　期末純資産は期末の資産と期末の負債の差額である。したがって，上記の式は次のように変形できる。貸借対照表は，この計算式を表したものということもできる。

　　　損益 ＝（期末資産 － 期末負債）－ 期首純資産

　期末資産および期末負債の金額は，期間中の資産や負債の各項目の増減変動の結果である。このことから，資産の増加または負債の減少は利益の増大につながり，資産の減少または負債の増加は利益の減少につながることがわかる。

⑵　損益計算書とその構成要素
　損益計算書は，1会計期間における費用の発生額をT字型の借方，収益の発生額を貸方に対照表示し

Column

　簿記で使う記号として，まず以下のものを知っておこう。
　　@　：単価（1個当たり，1リットル当たりなど単位当たりの金額を意味します）
　　#　：番号（手形などの通し番号を意味します）
　　a/c：勘定
　　B/S：貸借対照表
　　P/L：損益計算書（I/Sと表記することもあります）

た計算書である。その概略をＴ字型で示せば，以下のとおりである。

損益計算書では，その借方に費用，貸方に収益に属する諸勘定が記載される。これらの勘定を一覧表示した損益計算書は**経営成績**を表示するという。貸借対照表で算定された利益は，資産の増加または負債の減少，あるいは資産の減少または負債の増加をその内容としている。これと関連させて収益と費用とを説明すれば，以下のとおりである。

　収益とは，資産の増加または負債の減少をもたらす原因，すなわち利益を増やす原因である。

　費用とは，資産の減少または負債の増加をもたらす原因，すなわち利益を減らす原因である。

損益計算書

主な費用勘定	主な収益勘定
仕　入（売上原価） 給　料 支払利息 支払家賃　など	売　上 受取利息 受取家賃　など

損益計算書は，損益計算の観点からみれば，以下の式で表される。これは利益の原因計算にあたるものである。損益計算書は，文字どおりこの計算を表したものである。

　　　損益 ＝ 収益 － 費用

損益計算書の作成にあたり，会社は，１会計期間（通常は１年間）における，収益と費用の各勘定の発生高（残高）を把握しなければならない。

Column

　簿記だけではなく，ビジネスの世界では次の言葉を使います。本書でも出てくるので，そのうちのいくつかを示します。覚えておきましょう。

　　　当期：今年度のこと
　　　次期：次年度のこと
　　　前期：前年度のこと
　　　期首：年度の初日
　　　期末：年度の最終日（決算日と同じ）
　　　期中：年度の途中のこと

第2章
日々の取引の記録

1 取引要素の結合関係

　本書で学ぶ簿記は，正確には**複式簿記**という。これは，簿記の記録計算の対象となる取引や決算の手続を，必ず複数の勘定に記録することに由来する。日々の取引や決算を記録する際に，ある勘定の借方と他の勘定の貸方に記録するのである。このことは，簿記の手続を実施するために必ず知っておかなければならない。

　以下に示すのは，簿記の記録の基礎となる取引要素の主な結合関係である。

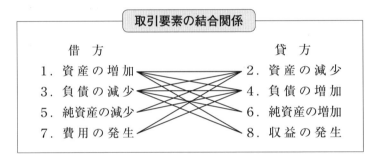

　この表において，借方側の［1．3．5．7．］の番号が付された事項は，実際に簿記を行うにあたり各勘定の借方に記入すること，貸方側［2．4．6．8．］の事項は各勘定の貸方に記入することを意味する。簿記では，この組み合わせに基づく記録をするのである。

2 日々の取引の記録

　日々の取引の記録において重要なのは，貸借対照表や損益計算書を構成する各勘定の記入の仕方である。これを示すと，以下のとおりである。**1**で示した取引要素の結合関係は，この勘定の記録の仕方に対応している。

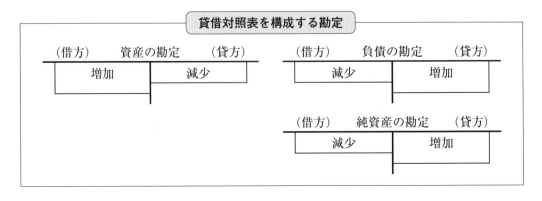

これらの勘定記入の仕方は，簿記の基本である。簿記の手続を理解するためには，前節の取引要素の結合関係と，上記5つの種類の勘定記入の仕方を知らなければならない。

> **■ Column**
>
> 　簿記で使う「取引」という言葉は，日常で使用するときとその意味が異なっています。私たちが日常生活で「取引」というとき，商品など物品の購入や販売などのほか，契約締結を含めることがありますが，簿記では，含めません。他方，盗難や火災などのことを日常用語として「取引」ということはありませんが，簿記ではこれらも「取引」です。簿記における取引とは，資産，負債，純資産，収益，費用に変動を引き起こす出来事のことです。

⑴ 仕　　訳

　日々の取引の記録では，仕訳帳の上で取引を発生順に仕訳することから始まる。**仕訳**は，「取引要素の結合関係」に従って，主に以下の2つの事項を決める作業である。

　⒤　資産，負債，純資産，収益，費用に属する勘定のうち，どの勘定の借方とどの勘定の貸方に記入するのか。

　(ⅱ)　記入すべき金額はいくらか。

　つまり，仕訳とは，「**どの勘定の借方とどの勘定の貸方にいくらの金額で記入するか」を決める作業**である。この仕訳を行う場所としての帳簿が，第1章で示した**仕訳帳**である。仕訳は，以下のような独特の書き方をする。

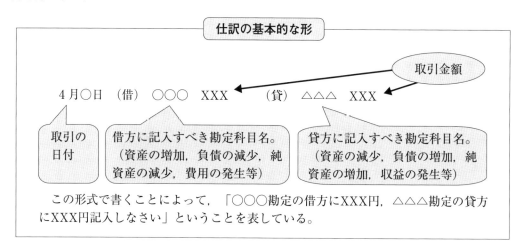

(2) 勘定転記

　仕訳の結果に基づいて，各勘定へ取引が記入される。勘定の様式は第1章に示したとおりである。この手続を**勘定転記**または単に**転記**と呼ぶ。簿記では多数の勘定が開設される。このさまざまな勘定を1冊の帳簿にまとめたものが**総勘定元帳**である。

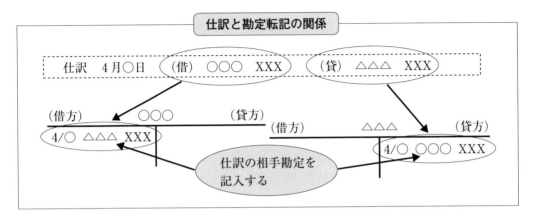

　「取引 ⇒ 仕訳 ⇒ 勘定転記」という日々の取引の記録の作業は，1つの取引について勘定転記が終了したら，次の取引について同様のことを繰り返すことになる。

　なお，本章で説明した仕訳と勘定転記については，次の第3章「決算の基礎」の例題の中でも説明する。

第3章
決算の基礎

1 決算の概要

　決算日が来たら，「日々の取引の記録」における仕訳と勘定転記を通じて蓄積された一定期間のデータに基づいて，簿記の最終目標である貸借対照表と損益計算書とを作成する。この一連の手続を**決算手続**と呼ぶ。決算手続は，以下の流れで実施される。

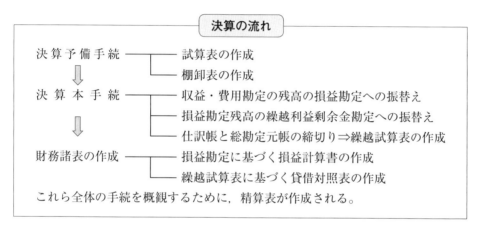

2 決算予備手続

(1) 試算表

　試算表とは，日々の取引の記録において，仕訳された金額が正確に勘定転記されたかどうか，各勘定において計算ミスがないかどうかなどをチェックするために作成されるものである。試算表には，**合計試算表**，**残高試算表**，**合計残高試算表**の3種類がある。次の(2)で述べる棚卸表に基づく決算整理の前に作成される試算表のことを**決算整理前試算表**ということもある。

　合計試算表は各勘定の借方合計額と貸方合計額を記入したものであり，残高試算表は各勘定の残高を記入したものである。**残高**とは，各勘定の借方合計額と貸方合計額との差額のことである。

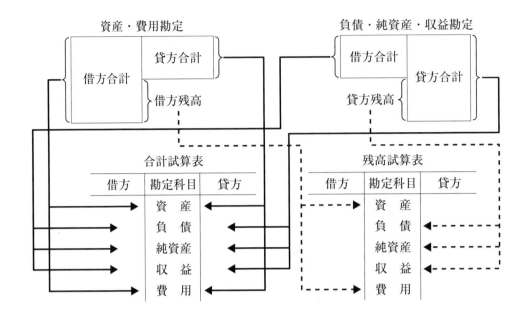

各勘定の残高については次のような特徴がある。

資産および費用勘定：借方合計額＞貸方合計額　これを**借方残高**と呼ぶ。
負債，純資産および収益勘定：借方合計額＜貸方合計額　これを**貸方残高**と呼ぶ。

合計残高試算表は，2つの試算表を1つにまとめたものである。

いずれの試算表も，その借方合計額と貸方合計額は一致する。金額が一致しないときは，記帳漏れ，転記ミスなどの可能性があるので，その原因を求めて修正する。

(2) 棚卸表

試算表で，勘定転記の正確性が確認されたとしても，決算日における各勘定の残高が現実の数値と一致しているとは限らない。そこで，試算表での確認の後，さらに各勘定の残高が実際の数値と一致しているかどうかをチェックするために**棚卸**という作業が行われ，修正すべき項目を1つの表にまとめた**棚卸表**が作成される。

たとえば，商業の場合，仕入れた商品の全部が売却済みとはならず，一部は期末に売れ残るのが普通である。この数量と金額を確定することが棚卸の目的の代表例である。この他，第4章以降で説明する現金過不足，減価償却など棚卸表に記載される項目は多い。

棚卸表を作成したら，その記録に従い各勘定の数値を修正する。これもまた仕訳と勘定転記の手続を経て修正される。このための仕訳を**決算整理仕訳**と呼ぶ。決算整理仕訳を転記した後の勘定残高に基づいて試算表を作成することもある。これを**決算整理後試算表**と呼ぶ。

3　精　算　表

　精算表は，決算予備手続に含まれるものではないが，決算本手続の前に，決算全体の流れを概観するために作成するものである。精算表にはいくつかの種類があるが，本書では，金額を記入する欄が8つある**8桁精算表**を説明する。

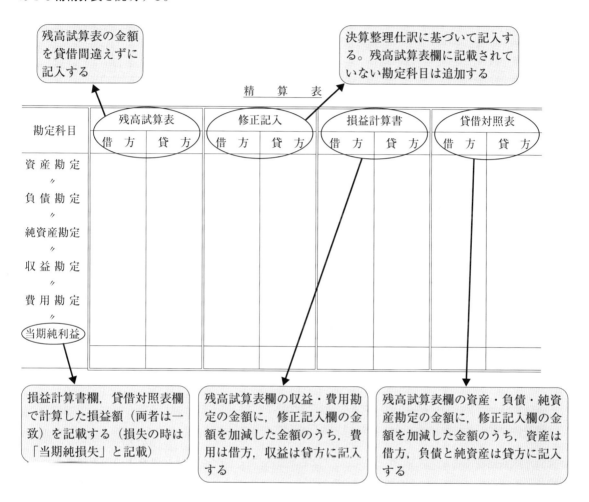

4　決算本手続

(1)　費用，収益勘定の残高の損益勘定への振替え

　決算本手続の最初は，すべての費用勘定および収益勘定の期末残高を**損益勘定**に集合させることである。損益勘定は，決算の時に設けられる勘定である。その借方にすべての費用勘定の残高，貸方にすべての収益勘定の残高を記録する。

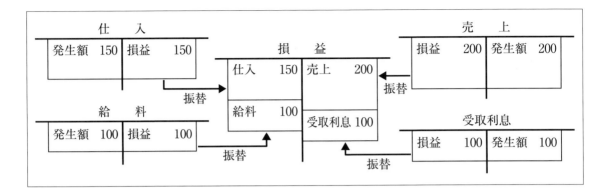

なお，ある勘定の数値を別の勘定に移すことを**振替え**という。振替えも，これまでと同様に，仕訳と転記によって行う。決算において行われる振替えのための仕訳を，**決算振替仕訳**というが，これは，以下のような形となる。

12月31日 （借） 売 　 上 200 　 （貸） 損 　 益 200
（吹き出し：決算日の日付） （借） 受 取 利 息 100 　 （貸） 損 　 益 100
（借） 損 　 益 150 　 （貸） 仕 　 入 150
（借） 損 　 益 100 　 （貸） 給 　 料 100

収益と費用の各勘定の残高を決算振替仕訳によって損益勘定に振り替えた時，後述する例題で示す手続に従って収益と費用のすべての勘定が締め切られる。

(2) 損益勘定から繰越利益剰余金勘定への振替え

損益勘定に収益と費用の各勘定の残高を集合させたら，費用合計額（損益勘定の借方合計額）と収益合計額（損益勘定の貸方合計額）を計算し，その差額（残高）を求める。

　収益合計額－費用合計額＞0であれば，利益が出ている。
　収益合計額－費用合計額＜0であれば，損失が出ている。

次に，損益勘定で算定した差額（残高），すなわち損益額を，繰越利益剰余金勘定へ振り替える。この振替えの際，利益が出たら，繰越利益剰余金勘定の貸方に記入し，損失が出たら，繰越利益剰余金勘定の借方に記入する。この決算振替仕訳の結果を損益勘定に転記するとき，収益勘定や費用勘定と同様に，損益勘定を締め切る。

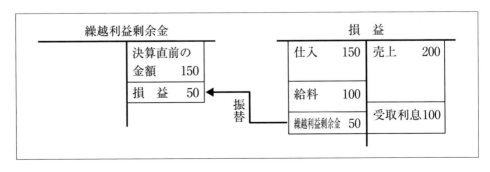

損益勘定から繰越利益剰余金勘定への決算振替仕訳は次のようになる。

　　12月31日　（借）　損　　　　益　50　　　（貸）　繰越利益剰余金　50

　なお，損失が出ている場合には，損益勘定と繰越利益剰余金勘定の記載位置が，上の仕訳とは，借方と貸方が逆になった仕訳になる。

⑶　資産，負債，純資産項目の締切りと繰越試算表の作成

　資産，負債および純資産に属する勘定の締切りは，仕訳と転記の手続によらず，直接，総勘定元帳の上で行われる。

　このとき，各勘定の借方合計額と貸方合計額との差額（残高）を求め，これを「**次期繰越**」として，合計額の少ない側に記入する。すなわち，借方残高の場合は，貸方に次期繰越と記入の上，借方残高の金額を記載し，貸方残高の場合は，借方に次期繰越と記入の上，貸方残高の金額を記載する。これは，次期繰越の記入がなされた後，この次期繰越額を含めて，各勘定の借方合計額と貸方合計額の一致を確認するためである（なお，決算日の翌日，すなわち次年度の期首に「**前期繰越**」として，残高を記入する）。

　以上の締切りが終了したら，これらの勘定の次期繰越額の計算の正確性を確認するために，資産，負債，純資産の各勘定の次期繰越額を集めて，試算表を作成する。これを**繰越試算表**という。この作成方法は，残高試算表と同じであるが，費用と収益の勘定が含まれない点で相違している。

5　財務諸表の作成

　最後に，財務諸表を作成する。その際，貸借対照表は繰越試算表，損益計算書は損益勘定を基に作成する。作成にあたり，それぞれの財務諸表には，一定の様式がある。

　なお，簿記や会計では，帳簿や財務諸表に記載される金額を**価額**という。特に，仕訳帳や総勘定元帳に記載される価額のことを，**帳簿価額**（**簿価**）ということもある。

例　　題

　第2章および第3章で説明した簿記の手続について，次の例題で説明することにする。

　長崎株式会社の20X4年度（20X4年4月1日〜20X5年3月31日）の取引は次のとおりである。この取引に基づいて，財務諸表を作成するまでの手続を行いなさい。

　4月1日　株主から現金¥1,000,000の出資を受けて営業を開始した。

　5月3日　新大工銀行から現金¥500,000を借り入れた。

　6月7日　備品¥450,000を購入し，代金は現金で支払った。

　8月13日　商品（@¥10,000）を65個仕入れ，代金¥650,000は現金で支払った。

　9月19日　商品40個を@15,000で販売し，代金¥600,000は現金で受け取った。

　10月22日　商品（@¥10,000）55個を掛買いした。

　1月27日　商品50個を@15,000で掛売りした。

　3月30日　給料¥100,000を現金で支払った。

16

　3月31日　決算にあたり，棚卸の結果，30個の商品が売れ残っていることがわかった。

解　答

［日々の取引の記録］

　この例題における4月1日から3月30日までの日々の取引の仕訳とそれに基づく勘定転記した結果を示すと次のとおりである。なお，3月31日は決算に関連するので，日々の取引ではない。

4月1日	（借）現　　金	1,000,000	（貸）資　本　金	1,000,000
5月3日	（借）現　　金	500,000	（貸）借　入　金	500,000
6月7日	（借）備　　品	450,000	（貸）現　　金	450,000
8月13日	（借）仕　　入	650,000	（貸）現　　金	650,000
9月19日	（借）現　　金	600,000	（貸）売　　上	600,000
10月22日	（借）仕　　入	550,000	（貸）買　掛　金	550,000
1月27日	（借）売　掛　金	750,000	（貸）売　　上	750,000
3月30日	（借）給　　料	100,000	（貸）現　　金	100,000

現　金

4/1 資本金 1,000,000	6/7 備　品 450,000
5/3 借入金 500,000	8/13 仕　入 650,000
9/19 売　上 600,000	3/30 給　料 100,000

売　掛　金

1/27 売　上 750,000	

備　品

6/7 現　金 450,000	

買　掛　金

	10/22 仕　入 550,000

借　入　金

	5/3 現　金 500,000

資　本　金

	4/1 現　金 1,000,000

売　上

	9/19 現　金 600,000
	1/27 売掛金 750,000

仕　入

8/13 現　金 650,000	
10/22 買掛金 550,000	

給　料

3/30 現　金 100,000	

　この例題における仕訳の考え方を取引要素の結合関係（第2章で説明）と勘定記入の仕方という観点から整理すると以下のようになる。

　4月1日：会社を新規設立するための取引である。いうまでもなく，設立前の会社には資産や負債等はまったく存在しない。このような状態の会社に出資がされた結果,現金という資産が¥1,000,000増加したと考える。他方，出資された金額は，資本金という勘定で表す。この例題では，資本金が¥1,000,000増加したと考える。

　　⇒現金の増加は現金勘定（資産）の借方，資本金の増加は資本金勘定（純資産）の貸方に記入。

　5月3日：借入れによって現金¥500,000が新たに資産として増加した。他方で，借り入れた金額は，返済義務があるので，それを借入金という負債勘定で表示する。この例題では,借入金が¥500,000増加したと考える。

　　⇒現金の増加は現金勘定（資産）の借方，借入金の増加は借入金勘定（負債）の貸方に記入。

　6月7日：備品とは，机，いす，ロッカー，陳列棚，パソコンなどである。これらを購入した場合,備品という資産勘定で表示する。この例題では，備品が¥450,000増加したと考える。他方で，代金を現金で支払ったので，現金が¥450,000減少したことになる。

　　⇒備品の増加は備品勘定（資産）の借方，現金の減少は現金勘定（資産）の貸方に記入。

　8月13日：商品を仕入れた時，仕入という費用が¥650,000分発生したと考える。他方で，代金を現金で支払ったので，現金が¥650,000減少したことになる。

　　⇒仕入の発生は仕入勘定（費用）の借方，現金の減少は現金勘定（資産）の貸方に記入。

　9月19日：この例題では，商品の販売に伴い，代金を現金で受け取っているので，現金が¥600,000増加している。他方で，売上という収益が¥600,000発生したと考える。

　　⇒現金の増加は現金勘定（資産）の借方，売上の発生は売上勘定（収益）の貸方に記入。

10月22日：商品の仕入れに伴い，仕入が¥550,000発生している。他方で，掛買いをしている。掛買いとは，代金を後で支払うことを約束して仕入れることである。したがって，後日代金を支払う義務がある。これを，買掛金という負債勘定で表す。この場合は，買掛金が¥550,000増加したと考える。

　　⇒仕入の増加は仕入勘定（費用）の借方，買掛金の増加は買掛金勘定（負債）の貸方に記入。

　1月27日：掛売りとは，後日代金を受け取ることを約束して商品を販売することである。したがって，その代金を受け取る権利がある。これを売掛金という資産勘定で表す。この場合は，売掛金が¥750,000増加したと考える。他方で，売上が¥750,000発生している。

　　⇒売掛金の増加は売掛金勘定（資産）の借方，売上の発生は売上勘定（収益）の貸方に記入。

　3月30日：従業員に支払う給料は費用勘定の代表例である。この例題では，給料が¥100,000発生したと考える。他方で，代金を現金で支払ったので，現金が¥100,000減少している。

　　⇒給料の発生は給料勘定（費用）の借方，現金の減少は現金勘定（資産）の貸方に記入。

　なお，3月31日については，日々の取引ではないので，決算の所で説明する。

> **Column**
>
> 　仕訳を勘定転記するとき，日付と金額との間に反対側に出てくる勘定名（相手勘定名）を書きます。しかし，仕訳に際して，借方か貸方のいずれかまたは両方に複数の勘定が出てくることがあります。このときの勘定転記では，相手勘定名を全部書くことができないので，「諸口（しょくち）」と記載します。しかし，決算振替仕訳で，損益勘定に転記するときは，「諸口」と書きません。これは，損益勘定が損益計算書を作成するときの基になるからです。

［決算予備手続］

①　試算表の作成

　合計試算表は，各勘定の借方および貸方のそれぞれの合計金額を求め，その数値を借方と貸方とに間違えずに記載して作成する。たとえば，この例題の取引を記入した現金勘定であれば，借方合計額は¥2,100,000であり，貸方合計額は¥1,200,000である。売掛金勘定であれば，借方合計額は¥750,000であり，貸方合計額は¥0である。これらの金額を合計試算表の借方側と貸方側に記入する。ただし，売掛金勘定の貸方のように合計額が0の場合には，そこは無記入としておく。すべての勘定の借方合計額と貸方合計額について記入が終わったら，合計試算表の借方側と貸方側の合計額を計算し，その一致を確かめる。

合計試算表
20X5年3月31日

借　　　方	勘　定　科　目	貸　　　方
2,100,000	現　　　　　金	1,200,000
750,000	売　　掛　　金	
450,000	備　　　　　品	
	買　　掛　　金	550,000
	借　　入　　金	500,000
	資　　本　　金	1,000,000
	売　　　　　上	1,350,000
1,200,000	仕　　　　　入	
100,000	給　　　　　料	
4,600,000		4,600,000

　残高試算表は，各勘定の借方合計額と貸方合計額との差額（残高）を計算する。借方残高の場合，その数値を残高試算表の借方側に記入する。貸方残高の場合，その数値を貸方側に記入する。現金勘定であれば，借方合計額¥2,100,000から貸方合計額¥1,200,000を控除した借方残高¥900,000を残高試算表の借方側に記入する。買掛金勘定であれば，貸方合計額¥550,000から借方合計額¥0を控除した貸方残高¥550,000を残高試算表の貸方側に記入する。すべての勘定の残高の記入が終了したら，残高試算表の借方側と貸方側の合計額を求め，両者の一致を確認する。

残高試算表
20X5年3月31日

借　方	勘　定　科　目	貸　方
900,000	現　　　　　金	
750,000	売　　掛　　金	
450,000	備　　　　　品	
	買　　掛　　金	550,000
	借　　入　　金	500,000
	資　　本　　金	1,000,000
	売　　　　　上	1,350,000
1,200,000	仕　　　　　入	
100,000	給　　　　　料	
3,400,000		3,400,000

合計残高試算表は，上記2つの試算表を1つの表にまとめたものである。

合計残高試算表
20X5年3月31日

借　方		勘　定　科　目	貸　方	
残　高	合　計		合　計	残　高
900,000	2,100,000	現　　　　　金	1,200,000	
750,000	750,000	売　　掛　　金		
450,000	450,000	備　　　　　品		
		買　　掛　　金	550,000	550,000
		借　　入　　金	500,000	500,000
		資　　本　　金	1,000,000	1,000,000
		売　　　　　上	1,350,000	1,350,000
1,200,000	1,200,000	仕　　　　　入		
100,000	100,000	給　　　　　料		
3,400,000	4,600,000		4,600,000	3,400,000

②　棚卸表

　例題に示されているように，決算日（3月31日）時点で，当期に仕入れた商品のうち30個が売れ残っていた。この商品の1個当たりの仕入価額は¥10,000だったので，¥300,000の商品が売れ残っていたことになる。これを棚卸表では以下のように記載する。

棚卸表
20X5年3月31日

勘　定　科　目	摘　　　　要		内　訳	金　額
繰　越　商　品	商品　30個	@¥10,000		300,000

　棚卸により確定した売残りの商品額（期末商品棚卸高）を，仕入勘定から控除する必要がある。これを表した仕訳を決算整理仕訳という。仕入勘定は費用勘定なので，その控除額は，仕入勘定の減少として貸方に記入する。他方，期末商品棚卸高は繰越商品という勘定を新たに開設して，そこに記載する。これは資産勘定なので，その増加は借方に記入する。期末商品棚卸高は次年度以降の営利活動のために保有されているので，資産としての資格を有していると考えるからである。

　　　3月31日　（借）繰越商品　300,000　　　（貸）仕　　入　300,000

　この決算整理仕訳を転記した後の仕入勘定の借方残高¥900,000が当期の販売に供された商品の金額（売上原価）となり，費用として損益勘定に振り替えられる（次の決算本手続の説明を参照）。

　なお，この例題は営業開始初年度であるため，前期の売残りは存在しない。第2年目からは，前期末の繰越商品の決算整理が必要となる。繰越商品については，第6章で説明する。

③　精算表

　精算表を作成すると次のようになる。

精　算　表
20X5年3月31日

勘定科目	残高試算表		修正記入		損益計算書		貸借対照表	
	借　方	貸　方	借　方	貸　方	借　方	貸　方	借　方	貸　方
現　　　金	900,000						900,000	
売　掛　金	750,000						750,000	
備　　　品	450,000						450,000	
買　掛　金		550,000						550,000
借　入　金		500,000						500,000
資　本　金		1,000,000						1,000,000
売　　　上		1,350,000				1,350,000		
仕　　　入	1,200,000			300,000	900,000			
給　　　料	100,000				100,000			
繰 越 商 品			300,000				300,000	
当期純利益					350,000			350,000
	3,400,000	3,400,000	300,000	300,000	1,350,000	1,350,000	2,400,000	2,400,000

精算表の作成の順序は以下のとおりである。

⑴ 残高試算表欄に，残高試算表の数値と合計額を借方・貸方を間違えずに記入する。

⑵ 決算整理仕訳に基づいて，修正記入欄に，該当する勘定科目の借方か貸方に金額を記入する。この時，残高試算表にない「繰越商品」勘定（資産勘定）を新規に追加する。

⑶ 収益と費用の数値について，収益は損益計算書欄の貸方へ，費用は借方へ移記する。この時，もし修正記入欄に記載されている金額が，残高試算表の記載と同じ借方または貸方にあれば，その金額を残高試算表の金額に加算する。もし残高試算表に記載されている側と逆の側に記載されているなら，その金額を残高から減算する。この例題では，残高試算表では仕入勘定の借方に金額が記載されているが，決算整理では貸方に記載されているので，両者の差額の¥900,000が損益計算書の借方に記載される。

⑷ 資産，負債，純資産の数値について，資産は貸借対照表欄の借方へ，負債と純資産は貸方に移記する。⑶と同様に，もし，修正記入欄の金額が残高試算表と同じ借方または貸方にあれば，その金額を残高試算表の金額に加算する。もし残高試算表に記載されている側と逆の側に記載されているなら，その金額を残高から減算する。この例題では，残高試算表では繰越商品勘定の借方に金額が記載されていないが，決算整理では借方に記載されているので，¥300,000が貸借対照表の借方に記載される。

⑸ 損益計算書欄の借方合計額と貸方合計額を比較して，損益計算をする。例題では，収益合計額が¥1,350,000であり，費用合計額が¥1,000,000なので，¥350,000の利益が出ている。勘定科目欄に「当期純利益」の項目を新規に設け，利益額を損益計算書欄の借方側に記入する。

⑹ 貸借対照表欄の借方合計額と貸方合計額とを比較して，損益計算をする。例題では，借方合計額¥2,400,000であり，貸方合計額は¥2,050,000である。その差額¥350,000は利益なので，貸借対照表欄の貸方側に記入する。

⑺ 最後に，損益計算書欄と貸借対照表欄で計算した損益額の一致を確認し，損益計算書欄と貸借対照表欄の借方と貸方に当期純利益額を含めた各欄の合計額を記入する。

［決算本手続］

① 収益費用勘定の損益勘定への振替え

3月31日	（借）売 上	1,350,000	（貸）損 益	1,350,000
	（借）損 益	900,000	（貸）仕 入	900,000
	（借）損 益	100,000	（貸）給 料	100,000

損　　益

3/31 仕 入	900,000	3/31 売 上	1,350,000
〃 給 料	100,000		

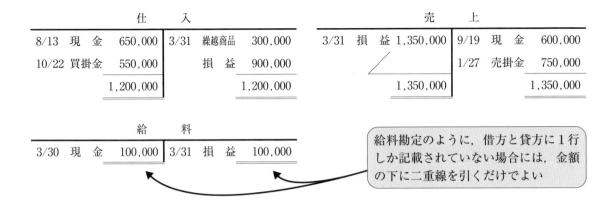

仕		入			
8/13	現　金	650,000	3/31	繰越商品	300,000
10/22	買掛金	550,000		損　益	900,000
		1,200,000			1,200,000

売		上			
3/31	損　益	1,350,000	9/19	現　金	600,000
			1/27	売掛金	750,000
		1,350,000			1,350,000

給		料			
3/30	現　金	100,000	3/31	損　益	100,000

給料勘定のように，借方と貸方に1行しか記載されていない場合には，金額の下に二重線を引くだけでよい

　この仕訳を，損益勘定および収益・費用の各勘定に転記した結果，例題では，損益勘定の貸方に¥1,350,000の売上が記録されるとともに，売上勘定の借方にもこの金額が記入されることとなる。この転記により売上勘定の残高が損益勘定に振り替えられてなくなったと考えることができる。仕入および給料勘定についても同様に考えることができる。なお，締切りにあたり，各収益および費用勘定では，借方合計額と貸方合計額を計算し，両者の一致を確認する。締切りの記入の仕方は上記のとおりである。

　②　損益勘定の残高の繰越利益剰余金勘定への振替え

　　　3月31日　（借）　損　　益　350,000　　　（貸）　繰越利益剰余金　350,000

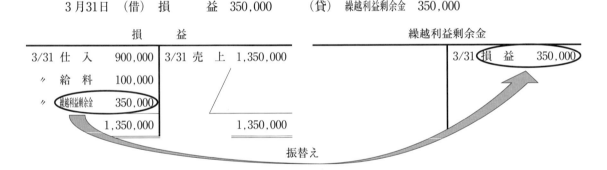

損		益			
3/31	仕　入	900,000	3/31	売　上	1,350,000
〃	給　料	100,000			
〃	繰越利益剰余金	350,000			
		1,350,000			1,350,000

繰越利益剰余金					
			3/31	損　益	350,000

振替え

　この例題では，損益勘定において利益が¥350,000と計算されている。この金額を繰越利益剰余金勘定に振り替える。この仕訳の転記の際，損益勘定を締め切る。その締切りの記入の仕方は収益や費用勘定と同じである。繰越利益剰余金勘定の締切りは，次に述べる手続に従うので，この段階では締め切らない。

　③　資産，負債，純資産の勘定の締切りと繰越試算表の作成

現		金			
4/1	資本金	1,000,000	6/7	備　品	450,000
5/3	借入金	500,000	8/13	仕　入	650,000
9/19	売　上	600,000	3/30	給　料	100,000
			3/31	次期繰越	900,000
		2,100,000			2,100,000

売		掛	金		
1/27	売　上	750,000	3/31	次期繰越	750,000

<table>
<tr><td colspan="4" align="center">繰 越 商 品</td></tr>
<tr><td>3/31　仕　入</td><td align="right">300,000</td><td>**3/31　次期繰越**</td><td align="right">**300,000**</td></tr>
</table>

<table>
<tr><td colspan="4" align="center">備　　品</td></tr>
<tr><td>6/7　現　金</td><td align="right">450,000</td><td>**3/31　次期繰越**</td><td align="right">**450,000**</td></tr>
</table>

<table>
<tr><td colspan="4" align="center">買 掛 金</td></tr>
<tr><td>**3/31　次期繰越**</td><td align="right">**550,000**</td><td>10/22　仕　入</td><td align="right">550,000</td></tr>
</table>

<table>
<tr><td colspan="4" align="center">借 入 金</td></tr>
<tr><td>**3/31　次期繰越**</td><td align="right">**500,000**</td><td>5/3　現　金</td><td align="right">500,000</td></tr>
</table>

<table>
<tr><td colspan="4" align="center">資 本 金</td></tr>
<tr><td>**3/31　次期繰越**</td><td align="right">**1,000,000**</td><td>4/1　現　金</td><td align="right">1,000,000</td></tr>
</table>

<table>
<tr><td colspan="4" align="center">繰越利益剰余金</td></tr>
<tr><td>**3/31　次期繰越**</td><td align="right">**350,000**</td><td>3/31　損　益</td><td align="right">350,000</td></tr>
</table>

※備品については，第10章で説明する減価償却が必要となるが，ここでは割愛している。
※太字は朱書きを意味する。

　収益勘定や費用勘定と異なり，資産勘定，負債勘定，純資産勘定では，仕訳をせずに各勘定を直接締め切る。この例題では，現金勘定，売掛金勘定，繰越商品勘定，備品勘定は資産勘定なので，貸方に次期繰越額が記入され，買掛金勘定，借入金勘定，資本金勘定，繰越利益剰余金勘定については借方に次期繰越額が記入される。記入後はそれぞれの勘定において，借方合計額と貸方合計額の一致を確認し，締切りをする。

繰越試算表
20X5年 3 月31日

借　　　方	勘 定 科 目	貸　　　方
900,000	現　　　　　金	
750,000	売　　掛　　金	
300,000	繰　越　商　品	
450,000	備　　　　　品	
	買　　掛　　金	550,000
	借　　入　　金	500,000
	資　　本　　金	1,000,000
	繰越利益剰余金	350,000
2,400,000		2,400,000

Column

　借方と貸方に記載されている行数が異なるとき，斜線が引かれています。これは，ここが意図的にブランクであることを意味するもので，三角線と呼ばれています。

［財務諸表の作成］

貸借対照表

長崎株式会社　　　　　　20X5年3月31日

資　　　産	金　　　額	負債および純資産	金　　　額
現　　　　金	900,000	買　　掛　　金	550,000
売　　掛　　金	750,000	借　　入　　金	500,000
商　　　　品	300,000	資　　本　　金	1,000,000
備　　　　品	450,000	当 期 純 利 益	350,000
	2,400,000		2,400,000

損益計算書

長崎株式会社　　20X4年4月1日から20X5年3月31日まで

費　　　用	金　　　額	収　　　益	金　　　額
売 上 原 価	900,000	売　　上　　高	1,350,000
給　　　料	100,000		
当 期 純 利 益	350,000		
	1,350,000		1,350,000

　貸借対照表は，繰越試算表に基づいて作成される。このとき，繰越商品という名称は，「商品」とする。また，繰越利益剰余金に振替えられた金額を「当期純利益」として表示する。当期純損失が生じているときは，「当期純損失」としてマイナス表示（▲表示）する。

　損益勘定から損益計算書を作成するとき，繰越利益剰余金勘定への振替仕訳を転記したときとは異なり，「当期純利益」あるいは「当期純損失」として表示する。また損益勘定では借方に「仕入」，貸方に「売上」と計上されていたが，損益計算書ではそれぞれ「売上原価」，「売上高」という名称に変更する。売上原価は，販売により引き渡した商品の買値（仕入値）である。

Column

　簿記では，勘定を締め切るとき，必ず借方合計額と貸方合計額の一致を確認します。これにより，振替額や次期繰越額の計算が正しく行われていることを確認しています。試算表や精算表でも借方合計額と貸方合計額の一致の確認が行われています。このような借方合計額と貸方合計額が一致することを貸借平均の原理といいます。簿記は一方で計算すると同時に，他方でその検算を行っているということができるでしょう。

Column

　本書では，貸借対照表や損益計算書をＴ字型で表示しています。これを「勘定式」と呼びます。しかし，このほか，「報告式」と呼ばれる表示の仕方もあります。特に損益計算書では損益の計算過程がわかりやすいという理由でよく用いられています。

第1章から第3章までの復習問題

問題1

以下の言葉の意味を説明しなさい。

(1) 借方，貸方

(2) 貸借対照表，損益計算書

問題2

次の用語を，簿記一巡の手続の流れに即して並べなさい

①決算予備手続　　②仕訳　　③勘定転記　　④決算本手続

問題3

次の取引を仕訳しなさい。ただし各取引は相互に関係ないものとする。

6月2日　　¥10,000,000の土地を購入し，現金で支払った。

7月30日　従業員に給料¥300,000を現金で支払った。

8月8日　　借入金¥500,000を，現金で返済した。

9月15日　商品6個を，@¥100,000で仕入れた。代金のうち400,000円は現金で支払い，残額は掛けとした。

10月3日　商品4個を@¥100,000で販売した。代金のうち半分は現金で受け取り，残額は掛けとした。

11月10日　¥250,000の備品を現金で購入した。

12月15日　買掛金¥100,000を現金で支払った。

（仕　　訳）

6月2日

7月30日

8月8日

9月15日

10月3日

11月10日

12月15日

問題4

次の仕訳から取引を推定しなさい。各仕訳は相互に関係ないものとする。

1月10日	現　　　金	12,000,000	資　本　金	12,000,000
2月2日	仕　　　入	300,000	現　　　金	100,000
			買　掛　金	200,000
3月3日	売　掛　金	200,000	売　　　上	200,000
4月4日	買　掛　金	300,000	現　　　金	300,000

（取引の内容）

1月10日

2月2日

3月3日

4月4日

問題5

次の勘定記入から取引を推定しなさい。

(1)　売掛金勘定の3/31の記録

売　掛　金

2/1	売　上	300,000	3/31	現　金	300,000

(2)　買掛金勘定の4/30の記録

買　掛　金

4/30	現　金	80,000	2/2	仕　入	80,000

(3)　現金勘定の4/30の記録

現　金

4/30	受取利息	1,000		

(4)　借入金勘定の5/3の記録

借　入　金

			5/3	現　金	3,000,000

（取引の内容）

(1)

(2)

(3)

(4)

28

問題6

　長大株式会社の20X2年（1月1日〜12月31日）の取引は以下のとおりであった。この取引について，仕訳から財務諸表の作成までの一連の手続を行いなさい。試算表は合計残高試算表を作成し，精算表も作成すること。

　　1月1日　　株主から現金¥3,000,000の出資を受けて営業を開始した。
　　2月10日　　雲仙銀行から現金¥1,000,000を借り入れた。
　　3月3日　　九州株式会社から，@¥100,000の商品20個を仕入れ，代金のうち半分は現金で支払い，残額は掛けとした。
　　4月3日　　上記商品のうち，15個を@¥120,000で佐賀商店に掛売りした。
　　5月15日　　佐賀株式会社から上記売掛金のうち，¥1,500,000を現金で返済してもらった。
　　6月20日　　九州株式会社に対する買掛金のうち，¥700,000を現金で返済した。
　　7月6日　　九州株式会社から，@¥100,000の商品10個を現金で仕入れた。
　　8月7日　　宮崎株式会社に，10個の商品を@¥120,000で現金販売した。
　　9月8日　　雲仙銀行に利息¥50,000を現金で支払った。
　　10月9日　　倉庫を建てるための土地を購入し，代金¥2,000,000を現金で支払った。
　　11月4日　　雲仙銀行からの借入金のうち¥500,000分を現金で返済した。
　　12月5日　　従業員に1年分の給料¥300,000を現金で支払った。
　　12月31日　　本日決算日につき，必要な一連の決算手続を行った。
　　　　　　　注）売れ残った商品については，「（借）繰越商品　×××　　（貸）仕　　入　×××」と仕訳すること（詳細は第6章参照）。

（仕　　訳）
　1月1日
　2月10日
　3月3日
　4月3日
　5月15日
　6月20日
　7月6日
　8月7日
　9月8日
　10月9日
　11月4日
　12月5日
　12月31日（決算日）

（総勘定元帳：最後の締切りまで記入すること）

現　　金

売　掛　金

繰 越 商 品

土　　地

買　掛　金

借　入　金

資　本　金

繰越利益剰余金

売　　上

仕　　入

支 払 利 息

給　　料

損　　益

合計残高試算表
年　　月　　日

借　　方		勘 定 科 目	貸　　方	
残　　高	合　　計		合　　計	残　　高

精　算　表
年　　月　　日

勘定科目	残高試算表		修正記入		損益計算書		貸借対照表	
	借　方	貸　方	借　方	貸　方	借　方	貸　方	借　方	貸　方

繰越試算表
年　　月　　日

借　　方	勘　定　科　目	貸　　方

貸借対照表
長大株式会社　　　　　　　　年　　月　　日

資　　　　産	金　　　　額	負債および資本	金　　　　額

損益計算書
長大株式会社　　　年　　月　　日から　　年　　月　　日まで

費　　　　用	金　　　　額	収　　　　益	金　　　　額

━━ 第4章 ━━
現金・預金

1 現 金

(1) 現金勘定

簿記上の**現金**とは，通貨および通貨代用証券のことである。通貨代用証券とは，他人振出小切手，送金小切手，郵便為替証書，配当金領収書，支払い期限到来後の公社債の利札などである。これらは銀行等ですぐに換金できるものであり，支払手段として利用できるものである。

現金勘定（資産）は，その増加を借方，その減少を貸方に記入する。

［例：備品を現金で購入した時の仕訳］

 （借）備 品 XXX （貸）現 金 XXX

(2) 現金出納帳

現金の収入・支出があった場合，仕訳帳および総勘定元帳への記入に加え，現金収支の明細を記録するために補助記入帳である**現金出納帳**へ記録することもある。その様式は例題1で示す。

(3) 現金過不足勘定

現金収支の記録に基づく現金勘定の残高は，帳簿上の現金有高を示している。しかし，記帳漏れなどにより帳簿上の現金有高と実際の現金有高とが一致しないことがある。このとき，その原因が即座にわかれば，本来の仕訳を行い現金勘定の記録を修正する。原因が判明しない場合には，帳簿上の現金残高を実際の有高に一致させる必要がある。このとき，**現金過不足勘定**で処理する。現金過不足の調査は期中においても定期的に行われるが，決算においても行われる。

後日，現金過不足の原因が判明した場合，現金過不足勘定の金額を本来の正しい勘定に振り替える。決算日までにその原因が判明しなかった場合には，**雑損勘定**（費用）または**雑益勘定**（収益）で処理する。この結果，現金過不足勘定の残高は，決算が終わった後は0となり，貸借対照表には計上されないこととなる。このように一時的に利用する勘定を**仮勘定**という。

［帳簿上の現金有高が実際の有高よりも少ないことが判明したが，原因が不明な場合の仕訳］

 （借）現 金 XXX （貸）現金過不足 XXX

［後日，現金過不足の原因が受取利息（収益）の記入漏れであることが判明した場合の仕訳］

 （借）現 金 過 不 足 XXX （貸）受 取 利 息 XXX

［決算日までに原因が判明しなかった場合の仕訳］

 （借）現 金 過 不 足 XXX （貸）雑 益 XXX

［帳簿上の現金有高が実際の有高よりも多いことが判明したが，原因が不明な場合の仕訳］

 （借）現 金 過 不 足 XXX （貸）現 金 XXX

［後日，現金過不足の原因が支払利息（費用）の記入漏れであることが判明した場合の仕訳］

　　（借）　支払利息　XXX　　　　（貸）　現金過不足　XXX

［決算日までに原因が判明しなかった場合の仕訳］

　　（借）　雑　　　損　XXX　　　　（貸）　現金過不足　XXX

2　当座預金・普通預金

⑴　当座預金勘定

　当座預金とは，銀行との当座取引契約によって預ける無利子の預金である。頻繁な代金の支払いを現金で行うのは煩雑であり，現金を手元に置くのもリスクが伴うので，当座預金が使われている。当座預金の引き出しには，一般に小切手を用いる。当座預金口座に現金や小切手などを預け入れた時は，**当座預金勘定**（資産）の借方に記入し，小切手を振り出した時は貸方に記入する。

　［商品を仕入れ，代金を小切手で支払った時の仕訳］

　　（借）　仕　　　入　XXX　　　　（貸）　当 座 預 金　XXX

⑵　当座借越勘定

　当座預金残高を超える金額を記載した小切手を振り出した場合，その小切手の所持人が銀行に支払いを要求しても，銀行は支払いには応じない。そこで，あらかじめ銀行と当座預金残高を超えて一定限度額内での支払いに応じるように契約をすることがある。これを**当座借越契約**といい，この契約の範囲内で当座預金残高を超えた金額の小切手を振り出すことが可能となる。当座借越しの状態になったときは，**当座借越勘定**（負債）に記入する。当座借越は一時的な銀行からの借入れを意味するからである。

　［当座借越契約を結んでおり当座預金残高を超えて借入金を小切手で支払った時の仕訳］

　　（借）　借 入 金　XXX　　　　（貸）　当 座 預 金　XXX
　　　　　　　　　　　　　　　　　　　　　当 座 借 越　XXX

　当座借越の状態で，当座預金に預け入れたときは，まず当座借越の返済のために当座借越勘定の借方に記入する。この当座借越額がなくなったら当座預金勘定の借方に記入する。

　なお，当座預金勘定と当座借越勘定との2つの勘定を併せた**当座勘定**に記録する方法もある。当座勘定を利用すると，当座借越の有無に関わらず，小切手を振り出したときはその貸方に記入し，当座預金への預け入れはその借方に記入する。当座勘定が借方残高の時は，当座預金残高があることを意味し，貸方残高のときは当座借越の状態になっていることを意味している。

⑶　当座預金出納帳

　当座預金の預け入れ，引出しがあった時は，当座預金の残高を把握するために補助記入帳である当座預金出納帳へも記録する。当座預金出納帳の様式は，例題3で示す。

⑷　普通預金

　当座預金は無利子の預金で，商業活動を効率的に行う目的で保有される預金口座であるのに対して，普通預金は預け入れ・払い戻し・振込等（手数料が発生する）が自由に行われる有利子の預金である。

3 小口現金勘定

　商店や企業では，現金を手元にあまり置かず，銀行などに預けることが多い。しかし，手元に現金がないと少額の支払いには不便である。そこで，郵便料金の支払いや文房具などの購入に際して，少額の現金支出を行う場合に備えて，ある程度の現金を手元に用意しておくのが一般的である。この現金のことを**小口現金**という。小口現金の増減を記録するための勘定を**小口現金勘定**（資産）という。

　小口現金の管理方法として，**定額資金前渡制度（インプレスト・システム）**が採用されることがある。これは，一定の金額を用度係（商店や企業などで物品の供給を担当する部署のことで他の名称もある）に前渡しをしておき，月末や月初など定期的に小口現金の使用状況について報告させ，その使用した金額と同額を補充することにより，常に一定期間のはじめには一定額が前渡しされている状態にする方法である。小口現金を管理する用度係は**小口現金出納帳**に，補給された現金額とその支払いの明細を記録する。この様式は，例題5で示す。

　［小口現金として小切手を振り出した場合の仕訳］

　　（借）　小 口 現 金　XXX　　　（貸）　当 座 預 金　XXX

　［用度係から通信費と交通費を支払ったという報告を受けた場合の仕訳］

　　（借）　通 　信 　費　XXX　　　（貸）　小 口 現 金　XXX
　　　　　　旅費交通費　　XXX

┃ Column ┃

　　簿記や会計の世界での「現金」と日常用語としての「現金」とは範囲が違います。これは，現金と同じように支払手段として利用可能な通貨代用証券等が含まれるからです。特に，他人振出しの小切手を受け取ったとき，「当座預金」として仕訳したくなりますが，小切手は受け取っただけでは自分の当座預金口座の金額は増えません。本書でも，また他のテキストでも，「小切手を受け取り，ただちに当座預金とした」というような問題があります。たとえば，小切手で売掛金を回収したケースでは，正確には，以下の2つの仕訳に出てくる「現金」を省略したものと言えるでしょう。

　　　　（借方）　現 　　　金　XXX　　（貸方）　売 掛 金　XXX
　　　　（借方）　当 座 預 金　XXX　　（貸方）　現 　　　金　XXX

例 題 1

次の取引を仕訳し，現金出納帳に記入してこれを締め切りなさい。なお，¥150,000の前月繰越がある。

7月2日　熊本商店から商品¥30,000を仕入れ，代金を現金で支払った。

7月5日　長崎商店から売掛金の返済として，送金小切手¥50,000を受け取った。

7月27日　切手を買い，代金として現金¥8,000を支払った。

解 答

7月2日	（借）仕　　　入	30,000	（貸）現　　　金	30,000
7月5日	（借）現　　　金	50,000	（貸）売　掛　金	50,000
7月27日	（借）通　信　費	8,000	（貸）現　　　金	8,000

現金出納帳

20X1年		摘　　要	収　　入	支　　出	残　　高
7	1	前月繰越	150,000		150,000
	2	熊本商店から商品仕入		30,000	120,000
	5	長崎商店から売掛金回収	50,000		170,000
	27	切手の購入		8,000	162,000
	31	**次月繰越**		**162,000**	
			200,000	200,000	
8	1	前月繰越	162,000		162,000

（太字は朱書きを意味する）

例 題 2

次の取引を仕訳しなさい。

3月4日　現金の実際有高を調べたところ帳簿有高よりも¥20,000少なかった。

3月5日　調査の結果，¥7,500はタクシー代の支払いの記帳漏れであることが判明した。

3月31日　残り¥12,500の不足の原因は，決算日までには判明しなかった。

解 答

3月4日	（借）現金過不足	20,000	（貸）現　　　金	20,000
3月5日	（借）旅費交通費	7,500	（貸）現金過不足	7,500
3月31日	（借）雑　　　損	12,500	（貸）現金過不足	12,500

例 題 3

次の取引を仕訳し，当座預金出納帳に記入してこれを締め切りなさい。なお，銀行とは借入限度額¥150,000の当座借越契約を結んでいる。4月1日現在の当座預金残高は，¥50,000である。

4月5日　大分商店から商品¥40,000を仕入れ，代金は小切手を振り出して支払った。

4月10日　福岡商店からの借入金¥60,000を利息¥6,000とともに小切手を振り出して返済した。

4月27日　熊本商店への売掛金¥60,000を回収し，ただちに当座預金に預け入れた。

解 答

［当座預金勘定と当座借越勘定を併用する場合］

4月 5日	（借）	仕　　　入	40,000	（貸）	当座預金	40,000
4月10日	（借）	借 入 金	60,000	（貸）	当座預金	10,000
		支 払 利 息	6,000		当座借越	56,000
4月27日	（借）	当 座 借 越	56,000	（貸）	売 掛 金	60,000
		当 座 預 金	4,000			

当座預金出納帳

20X1年		摘　　　要	預　　入	引　　出	残　　高
4	1	前月繰越	50,000		50,000（借）
	5	大分商店から商品仕入		40,000	10,000（借）
	10	福岡商店へ借入金返済		66,000	56,000（貸）
	27	熊本商店からの売掛金の回収	60,000		4,000（借）
	30	**次月繰越**		**4,000**	
	〃		110,000	110,000	
5	1	前月繰越	4,000		4,000（借）

（太字は朱書きを意味する）

当座預金出納帳の残高欄において「借」は「借方残高」，「貸」は「貸方残高」を意味している。当座借越の状態になっているときは「貸方残高」となる。

例 題 4

次の取引を仕訳しなさい。

9月1日　借入金¥700,000の返済のため，普通預金口座から振り込んだ。振込手数料は¥550である。

9月7日　家賃支払いのため¥85,000を普通預金口座から振り込んだ。振込手数料は，¥350である。

9月9日　貸付金¥200,000が返済され，利息¥1,000と共に普通預金口座に振り込まれた。

解　答

9月1日	（借）	借 入 金	700,000	（貸）	普 通 預 金	700,550
		支払手数料	550			
9月7日	（借）	支 払 家 賃	85,000	（貸）	普 通 預 金	85,350
		支払手数料	350			
9月9日	（借）	普 通 預 金	201,000	（貸）	貸 付 金	200,000
					受 取 利 息	1,000

例 題 5

次の取引を小口現金出納帳に記入するとともに，11月1日と30日の仕訳を示しなさい。

11月1日　定額資金として￥20,000の小切手を振り出して用度係に前渡しをした。

11月30日　用度係から，以下の報告を受け，小切手を振り出して小口現金を補給した。

11月3日	タクシー代	￥3,500
11月5日	茶菓子代	￥2,300
11月10日	切手代	￥4,200
11月14日	文房具	￥3,000
11月18日	文房具	￥1,600
11月25日	切手代	￥3,000

解　答

11月1日	（借）	小 口 現 金	20,000	（貸）	当 座 預 金	20,000
11月30日	（借）	旅費交通費	3,500	（貸）	小 口 現 金	17,600
		消 耗 品 費	4,600			
		通 信 費	7,200			
		雑 費	2,300			
11月30日	（借）	小 口 現 金	17,600	（貸）	当 座 預 金	17,600

小口現金出納帳

収　　　入	20X1年		摘　　　要	支　　　払	内　　　訳			
					旅費交通費	消耗品費	通信費	雑　　費
20,000	11	1	小切手					
		3	タクシー代	3,500	3,500			
		5	茶菓子代	2,300				2,300
		10	切手代	4,200			4,200	
		14	文房具	3,000		3,000		
		18	文房具	1,600		1,600		
		25	切手代	3,000			3,000	
			合　　　計	17,600	3,500	4,600	7,200	2,300
17,600		30	小切手					
			次月繰越	**20,000**				
37,600				37,600				
20,000	12	1	前月繰越					

（太字は朱書きを意味する）

◆練習問題◆

問題1

次の取引を仕訳しなさい。

10月3日　佐賀株式会社から商品を仕入れ，代金として¥20,000を現金で支払った。

10月8日　鹿児島株式会社から売掛金の返済として，小切手¥60,000を受け取った。

10月25日　切手と葉書を買い，代金として現金で¥12,000を支払った。

（仕　　訳）

10月3日

10月8日

10月25日

問題2

次の取引を仕訳しなさい。

12月10日　現金の実際有高を調べたところ帳簿有高よりも¥30,000多かった。

12月15日　調査の結果，¥18,000は，売掛金の回収の記帳漏れであることが判明した。

12月31日　残り¥12,000の原因は，決算日までには判明しなかった。

（仕　　訳）

12月10日

12月15日

12月31日

問題3

　次の取引を仕訳しなさい。7月1日時点の当座預金残高は￥70,000である。なお，銀行と借入限度額￥100,000の当座借越契約を結んでおり，仕訳に際しては当座借越勘定を用いている。

　7月5日　福岡商店から商品￥60,000を仕入れ，代金として小切手で支払った。

　7月10日　長崎商店からの借入金￥40,000を利息￥5,000とともに小切手を振り出して返済した。

　7月27日　宮崎商店への売掛金￥70,000を回収し，代金をただちに当座預金に預け入れた。

（仕　　訳）

　7月5日

　7月10日

　7月27日

第5章
商品売買

1 2つの商品売買処理方法

商品売買取引の処理方法には，代表的なものとして**分記法**と**3分法**がある。本書では，3分法を中心に説明するが，本節では，分記法との相違を示すことにする。

(1) 分 記 法

商品売買の記帳にあたり，商品を仕入れたときには，**商品勘定**（資産）の借方に仕入れた商品の**取得原価**（仕入原価）を記入し，商品を販売したときには，相手に引き渡した商品の取得原価（仕入原価）を商品勘定の貸方に記入すると同時に，商品販売による損益を商品売買益勘定（収益）の貸方に記入する処理方法を分記法と呼ぶ。

分記法では，商品勘定において商品の手元有高を把握できる。しかし，商品を販売するたびに売り渡した商品の取得原価（仕入原価）を調べ，商品販売益を計算し，記帳しなければならないので，多くの種類の商品を扱っている場合には，手続が煩雑になるという問題点がある。

(2) 3 分 法

3分法とは，商品売買取引を，**繰越商品勘定**（資産），**仕入勘定**（費用），**売上勘定**（収益）という3

Column

　本書では，商品売買取引の記帳法として3分法を中心に説明しています。しかし，商品以外のもの（たとえば第10章で学ぶ有形固定資産）の売買取引では，仕入や売上勘定を利用しません。それぞれの章で，違いを確認してください。また製造業は，自社で製造・販売をするため，3分法とは異なる記録をします。これは工業簿記で学びます。工業簿記については，補章でかんたんに紹介します。

Column

　仕入れた商品や，第10章で学ぶ有形固定資産の取得に要した金額を取得原価といいます。これは購入代価に付随費用を加えた金額です。付随費用を支払わないと利用可能な状態にならないからです。なお，消費税については，第12章を参照してください。

つの勘定に分けて処理するものである。3分法を用いることにより，商品の売上時点でそのつど売上原価を把握するという分記法の欠点が回避される。本章では仕入勘定と売上勘定を用いた商品売買について説明し，次章では，繰越商品勘定の処理に基づく売上原価の計算について説明する。

なお，販売において，顧客に渡された商品の取得原価（仕入原価）のことを**売上原価**という。売上原価については，第6章で説明する。

2 商品売買に伴う債権・債務（売掛金と買掛金／前払金と前受金）

(1) 売掛金と買掛金

売掛金とは，得意先との間で生じた商品の掛売りにより生じた債権（後日，販売した商品の代金を受け取る権利）のことである。同様に，買掛金は，仕入れ先との間で生じた商品の掛買いにより生じた債務（後日，仕入れた商品の代金を支払う義務）のことである。

掛取引から生じた売掛金は**売掛金勘定**（資産），買掛金は**買掛金勘定**（負債）に記載する。

掛売りしたときには，売掛金勘定の借方に記入し，売掛金を回収したときには貸方に記入する。掛買いしたときには，買掛金勘定の貸方に記入し，買掛金を支払ったときには借方に記入する。売掛金と買掛金の仕訳については，③ 仕入と売上であわせて例示する。

得意先や仕入先が複数あるとき，得意先別の売掛金の状況を把握するために**売掛金元帳（得意先元帳）**，仕入先別の買掛金の状況を把握するために**買掛金元帳（仕入先元帳）**と呼ばれる補助簿を作成する。これらの元帳では，得意先や仕入先の名称を付けた勘定（**人名勘定**）が開設される。売掛金勘定と売掛金元帳および買掛金勘定と買掛金元帳の関係については，例題1を用いて説明する。

(2) 前払金と前受金

商品の仕入に先立って，代金の一部もしくは全額を事前に支払うことから生じる債権（後日，商品を受け取る権利）を**前払金勘定**（資産）の借方に記帳する。これに対して，商品の販売に先立って，代金の一部もしくは全部を事前に受け取ることから生じる債務（後日，商品を提供する義務）を**前受金勘定**（負債）の貸方に記帳する。なお，実際に商品の受け渡しが完了した場合には，前払金勘定の貸方に，前受金勘定の借方にそれぞれ記帳することになる。

［商品の仕入に先立って，代金の前払いをした場合の仕訳］
　　（借）前 払 金 XXX　　（貸）現　　　金 XXX
［仕入が完了し，前払金を除いた残高を，小切手を振り出して支払った場合の仕訳］
　　（借）仕　　　入 XXX　　（貸）前 払 金 XXX
　　　　　　　　　　　　　　　　　当 座 預 金 XXX
［販売に先立って，代金を前受けした場合の仕訳］
　　（借）現　　　金 XXX　　（貸）前 受 金 XXX
［販売が完了し，前受金を除いた残高を掛けとした場合の仕訳］
　　（借）前 受 金 XXX　　（貸）売　　　上 XXX
　　　　売 掛 金 XXX

3 仕入と売上

⑴ 仕入勘定

　仕入とは，商品の購入（仕入取引）のことである。仕入勘定では，仕入れた商品の**取得原価**（仕入原価）を借方に記入する。仕入取引において，運賃，運送保険料，関税等の**付随費用**を支払うことがある。仕入取引において発生する付随費用を**仕入諸掛**という。仕入に際して仕入諸掛を負担するときは，仕入勘定の借方には，商品の購入代価にこれを加算した金額を取得原価（仕入原価）として記入する。

　［商品を掛で仕入れた時の仕訳］

　　　（借）仕　　　　入 XXX　　　（貸）買 掛 金 XXX

　仕入れた商品に品違いや欠陥があった場合には，仕入先に返品（**仕入戻し**）することがある。返品があった場合には，仕入れの減少と考え，仕入勘定の貸方に記入する。

　［商品の返品をした時の仕訳］

　　　（借）買 掛 金 XXX　　　（貸）仕　　　　入 XXX

　以下の図に示すように，仕入勘定の借方合計額を**総仕入高**，返品の金額を控除した借方残高を**純仕入高**という。

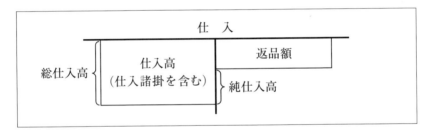

⑵ 仕 入 帳

　仕入取引の明細を記録する補助記入帳が**仕入帳**である。その様式については例題２で示す。

　商品を仕入れると，仕入帳の日付欄に仕入れの日付を，金額欄には金額を記入する。仕入帳の摘要欄には，仕入先の名前・代金支払方法・商品名・数量・単価・付随費用の支払いの旨を記入する。内訳欄には，商品が複数ある場合の内訳金額や，付随費用の金額を記入する。返品が生じた時には，その日付，

> **Column**
>
> 　商品を仕入れただけでは費用にはなりません。期首商品棚卸高と期末商品棚卸高の金額を調整して，当期に販売された商品の取得原価だけが当期の費用（売上原価）となります。このように支出をしただけでは，簿記や会計学では費用とは考えません（これは第10章で学ぶ減価償却なども同じです）。また，現金の収入だけでは，収益とは考えません。このような考えの背後にあるのが，発生主義とか実現主義と呼ばれるものです。会計学の基本となる重要な概念なので，会計学の講義等でしっかり勉強してください。

内容や金額を朱書きする。

　仕入帳は月末や期末に締め切る。このとき，総仕入高を算定し，これから朱書きした返品の金額を控除して純仕入高を求める。

(3)　売上勘定

　売上とは，商品の販売（売上取引）のことである。売上勘定では，売上取引において生じた売上高を貸方に記入する。売上取引において，運賃や荷造費等を売主が負担することがある。このような費用を売主が負担するときは，**発送費勘定**（費用）の借方に記入する。

　［商品を掛で販売し，発送費を売主が現金で負担した時の仕訳］

　　　　（借）売　掛　金 XXX　　　（貸）売　　　上 XXX
　　　　　　　発　送　費 XXX　　　　　　　現　　　金 XXX

　発送費を得意先が負担する場合には，当店が支払った立替え分を売掛金に加えて得意先に請求するか，立替金勘定で処理する。立替金については，第 8 章で説明する。

　［発送費を売掛金に含めて請求する場合の仕訳］

　　　　（借）売　掛　金 XXX　　　（貸）売　　　上 XXX
　　　　　　　　　　　　　　　　　　　　　　現　　　金 XXX

　［発送費を立替金で処理する場合の仕訳］

　　　　（借）売　掛　金 XXX　　　（貸）売　　　上 XXX
　　　　　　　立　替　金 XXX　　　　　　　現　　　金 XXX

　販売した商品に品違いや欠陥があった場合には，得意先から返品されることがある。この場合，売上の減少と考え，売上勘定の借方に記入する。

　［商品の返品を受けた時の仕訳］

　　　　（借）売　　　上 XXX　　　（貸）売　掛　金 XXX

　以下に示すように，売上勘定の貸方合計額を**総売上高**といい，返品（**売上戻り**）の金額を控除した貸方残高を**純売上高**という。

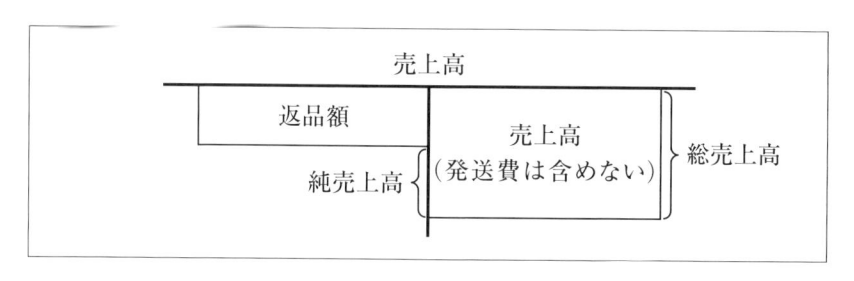

(4) 売 上 帳

売上取引の明細を記録する補助記入帳が**売上帳**である。その様式については例題2で示す。

商品を販売すると、売上帳の日付欄に日付を、金額欄には金額を記入する。売上帳の摘要欄には、得意先の名前・代金受取りの方法・商品名・数量・単価を記入する。内訳欄には、商品が複数ある場合の内訳金額を記入する。返品が生じた時には、その日付、内容や金額を朱書きする。

また、売上帳は月末や期末に締め切る。このとき、総売上高を算定し、これから朱書きした返品の金額を控除して、純売上高を求めなければならない。

支払った発送費は売上帳に記入しない。発送費は費用だからである。

4 クレジット売掛金

今日ではクレジットカードによる取引が普及しており、顧客からカードによる販売を求められることも多い。クレジットカードによる取引では、顧客に販売を行った会社は、信販会社に手数料を負担することにより、信販会社から手数料控除後の販売代金を顧客の代わりに支払ってもらうことになる。つまり、販売した会社は、顧客に債権があるのではなく、信販会社に債権を持つことになる。そして、後日、信販会社は顧客からの口座引き落としなどを通じてカード代金の支払いを受けるのである。

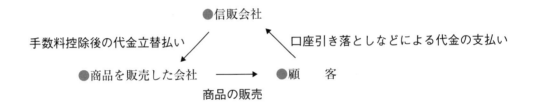

会社が顧客からクレジットカードの提示を受け商品の販売を行った場合、代金の支払いは顧客からではなく信販会社から受けるため、通常の売掛金勘定とは区別して**クレジット売掛金勘定**（資産）に記録する。なお、当該会社が信販会社に対して負担する手数料は、**支払手数料勘定**（費用）に計上する。

［商品をクレジットカードで販売し、手数料を計上した場合の仕訳］

　　（借）クレジット売掛金　XXX　　（貸）売　　　　　上　XXX
　　　　　支 払 手 数 料　XXX

［信販会社から手数料を差し引いた代金が、当座預金に入金された場合の仕訳］

　　（借）当 座 預 金　XXX　　（貸）クレジット売掛金　XXX

例 題 1

(1) 次の取引を，3分法で仕訳するとともに，仕入，売上，買掛金，売掛金の各勘定に転記しなさい。また売掛金元帳と買掛金元帳に記入しなさい。

4月1日　諫早商店から商品¥30,000を掛で仕入れた。

4月2日　鳴滝商店から商品¥50,000を掛で仕入れた。

4月6日　種子島商店に商品を¥40,000で掛売りした。

4月9日　兵庫商店に商品を¥30,000で掛売りした。

4月10日　諫早商店から商品¥20,000を掛で仕入れた。

4月15日　種子島商店に商品を¥50,000で掛売りした。

4月20日　種子島商店から売掛金の代金¥40,000を現金で回収した。

4月22日　鳴滝商店から商品¥70,000を掛で仕入れた。

4月23日　兵庫商店に商品を¥10,000で掛売りした。

4月25日　諫早商店の買掛金¥30,000を当社の普通預金口座から，諫早商店の普通預金口座に振り込んだ。なお，振込手数料¥240は当社負担とした。

4月28日　兵庫商店から売掛金¥30,000を小切手で回収し，ただちに当座預金に預け入れた。

解 答

(1)

4月1日	(借)	仕	入	30,000	(貸)	買 掛 金	30,000
4月2日	(借)	仕	入	50,000	(貸)	買 掛 金	50,000
4月6日	(借)	売 掛 金		40,000	(貸)	売 上	40,000
4月9日	(借)	売 掛 金		30,000	(貸)	売 上	30,000
4月10日	(借)	仕	入	20,000	(貸)	買 掛 金	20,000
4月15日	(借)	売 掛 金		50,000	(貸)	売 上	50,000
4月20日	(借)	現	金	40,000	(貸)	売 掛 金	40,000
4月22日	(借)	仕	入	70,000	(貸)	買 掛 金	70,000
4月23日	(借)	売 掛 金		10,000	(貸)	売 上	10,000
4月25日	(借)	買 掛 金		30,000	(貸)	普 通 預 金	30,240
		支払手数料		240			
4月28日	(借)	当 座 預 金		30,000	(貸)	売 掛 金	30,000

総勘定元帳

仕　入

4/1	買掛金	30,000			
2	買掛金	50,000			
10	買掛金	20,000			
22	買掛金	70,000			

売　上

			4/6	売掛金	40,000
			9	売掛金	30,000
			15	売掛金	50,000
			23	売掛金	10,000

売　掛　金

4/6	売　上	40,000	4/20	現　金	40,000
9	売　上	30,000	28	当座預金	30,000
15	売　上	50,000			
23	売　上	10,000			

買　掛　金

4/25	普通預金	30,000	4/1	仕　入	30,000
			2	仕　入	50,000
			10	仕　入	20,000
			22	仕　入	70,000

売掛金勘定の内訳　　　　　　　　買掛金勘定の内訳

売掛金元帳

種子島商店

4/6	売　上	40,000	4/20	現　金	40,000
15	売　上	50,000			

兵庫商店

4/9	売　上	30,000	4/28	当座預金	30,000
23	売　上	10,000			

買掛金元帳

諫早商店

4/25	普通預金	30,000	4/1	仕　入	30,000
			10	仕　入	20,000

鳴滝商店

			4/2	仕　入	50,000
			22	仕　入	70,000

　売掛金の発生および回収のときは，売掛金勘定に転記するのと同時に売掛金元帳の人名勘定にも転記する。買掛金の発生および返済のときも，買掛金勘定に転記するのと同時に買掛金元帳の人名勘定にも転記する。これにより，得意先別の売掛金の発生と代金の回収状況，仕入先別の買掛金とその返済状況がわかる。また，売掛金勘定の残高¥60,000は売掛金元帳の種子島商店の残高¥50,000と兵庫商店の残高¥10,000の合計額と一致する。これは買掛金勘定の残高と買掛金元帳の各勘定の合計額についても該当する。売掛金勘定や買掛金勘定のようにその下に補助元帳をもつ勘定を，統制勘定という。

(2)　次の取引について，片淵株式会社と文教商店の仕訳を示しなさい。

　5月5日　片淵株式会社は文教商店に対して商品¥240,000を販売する契約を結び，その内金として現金¥100,000を受け取った。

　6月3日　片淵株式会社は，文教商店に上記商品を引き渡し，内金を差し引いた残額を掛けとした。

片淵株式会社の仕訳

　　5月5日　（借）現　　　金 100,000　　（貸）前 受 金 100,000

6 月 3 日	（借）	前 受 金	100,000		（貸）	売		上	240,000	
		売 掛 金	140,000							

文教商店の仕訳

5 月 5 日	（借）	前 払 金	100,000		（貸）	現		金	100,000	
6 月 3 日	（借）	仕	入	240,000	（貸）	前 払 金			100,000	
						買 掛 金			140,000	

例 題 2

　次の取引を，3 分法で仕訳するとともに，仕入帳と売上帳に記入し，締め切りなさい。なお，取引における@は単価を意味している。

　6 月 2 日　宗像商店から@¥750の W 商品を1,000個仕入れ，代金は現金で支払った。

　6 月 4 日　東郷商店に対して W 商品1,000個を@¥850で現金販売した。

　6 月 9 日　池袋商店から@¥700の W 商品1,000個を掛で仕入れた。

　6 月10日　9 日に仕入れた商品のうち，品違いのため20個を池袋商店に返品し，返品額は同店に対する買掛金から差し引いた。

　6 月14日　赤間商店に対して W 商品1,000個を@¥900で掛売りした。

　6 月15日　14日に販売した商品のうち，色違いのため100個を返品され，返品額は同店に対する売掛金から差し引いた。

　6 月23日　箱崎商店から@¥700の W 商品1,500個を掛で仕入れた。なお，引取運賃¥40,000を現金で支払った。

　6 月24日　23日に仕入れた商品のうち，色違いのため150個を返品し，返品額は同店に対する買掛金から差引いた。

　6 月28日　福津商店に対して W 商品1,500個を@¥800で掛売りした。なお，当社負担の発送費¥30,000を現金で支払った。

　6 月29日　28日に販売した商品のうち，品違いのため100個を返品され，返品額は同店に対する売掛金から差し引いた。

解 答

6 月 2 日	（借）	仕		入	750,000	（貸）	現	金	750,000	
6 月 4 日	（借）	現		金	850,000	（貸）	売	上	850,000	
6 月 9 日	（借）	仕		入	700,000	（貸）	買 掛 金		700,000	
6 月10日	（借）	買 掛 金			14,000	（貸）	仕	入	14,000	
6 月14日	（借）	売 掛 金			900,000	（貸）	売	上	900,000	
6 月15日	（借）	売		上	90,000	（貸）	売 掛 金		90,000	
6 月23日	（借）	仕		入	1,090,000	（貸）	買 掛 金		1,050,000	
							現	金	40,000	

6月24日	（借）	買 掛 金	105,000	（貸）	仕 入	105,000
6月28日	（借）	売 掛 金	1,200,000	（貸）	売 上	1,200,000
		発 送 費	30,000		現 金	30,000
6月29日	（借）	売 上	80,000	（貸）	売 掛 金	80,000

仕 入 帳

20X1年		摘 要	内 訳	金 額
6	2	宗像商店　　　　　　　　現金払い 　W商品　1,000個　@¥750		750,000
	9	池袋商店　　　　　　　　掛 　W商品　1,000個　@¥700		700,000
	10	**池袋商店　　　　　　　　掛戻し** 　**W商品　　20個　@¥700**		**14,000**
	23	箱崎商店　　　　　　　　掛 　W商品　1,500個　@¥700 同引取運賃　　　　　　現金払い	1,050,000 40,000	1,090,000
	24	**箱崎商店　　　　　　　　掛戻し** 　**W商品　150個　@¥700**		**105,000**
	30 〃	総仕入高 **仕入戻し高** 純仕入高		2,540,000 **119,000** 2,421,000

（返品・値引きの朱書き部分は，太字で示している）

売　上　帳

20X1年		摘　　　　要	内　訳	金　額
6	4	東郷商店　　　　　　　　　現金受取り 　　W商品　　1,000個　@¥850		850,000
	14	赤間商店　　　　　　　　　　　　掛 　　W商品　　1,000個　@¥900		900,000
	15	**赤間商店　　　　　　　　　掛戻り** 　　**W商品　　　100個　@¥900**		**90,000**
	28	福津商店　　　　　　　　　　　　掛 　　W商品　　1,500個　@¥800		1,200,000
	29	**福津商店　　　　　　　　　掛戻り** 　　**W商品　　　100個　@¥800**		**80,000**
	30 〃	総売上高 **売上戻り高** 純売上高		2,950,000 **170,000** 2,780,000

（返品・値引きの朱書き部分は，太字で示している）

例 題 3

次の取引について仕訳を示しなさい。

7 月15日　商品¥200,000をクレジットカードで販売した。信販会社への手数料は販売代金の 2 ％であり，販売時に計上した。

7 月31日　上記取引について手数料を差し引いた販売代金が，当座預金口座に振り込まれた。

解 答

7 月15日　（借）　クレジット売掛金　196,000　　　　（貸）　売　　　　　　上　　200,000
　　　　　　　　　支 払 手 数 料　　4,000

7 月31日　（借）　当 座 預 金　196,000　　　　（貸）　クレジット売掛金　196,000

◆練習問題◆

問題 1

次の取引を 3 分法で仕訳しなさい。

7 月 1 日　木場商店から以下のように仕入れ，代金は小切手を振り出して支払った。

　　　　　C商品　　1,000個　@¥700

　　　　　W商品　　1,000個　@¥800

7 月 6 日　葛西商店に以下のように掛売りした。

　　　　　　　C商品　　500個　@¥800
　　　　　　　W商品　　500個　@¥900
7月11日　落合商店から以下のように仕入れ，代金は掛とした。
　　　　　　　C商品　　550個　@¥650
　　　　　　　W商品　　550個　@¥750
7月13日　11日に仕入れた商品のうち，C商品について品違いがあり，100個を落合商店に返品し，
　　　　　この金額は落合商店に対する買掛金から差し引いた。
7月17日　6日に販売した商品のうち，W商品について不良品があり，20個が返品され，この金額を
　　　　　葛西商店に対する売掛金から差し引いた。
7月18日　佐久商店に以下のように売り上げ，代金は現金で受け取った。
　　　　　　　C商品　　650個　@¥800
　　　　　　　W商品　　700個　@¥950
7月19日　原宿商店から以下のように仕入れ，代金は掛けとした。
　　　　　　　C商品　　500個　@¥600
　　　　　　　W商品　　400個　@¥700
7月22日　19日に仕入れた商品のうち，C商品50個について色違いのものがあり，仕入先（原宿商
　　　　　店）に返品し，この金額は原宿商店に対する買掛金から差し引いた。
7月27日　新橋商店に以下のように掛売りした。なお，当店負担の発送費¥25,000を現金で支払った。
　　　　　　　C商品　　500個　@¥800
　　　　　　　W商品　　400個　@¥900
7月29日　27日に販売した商品のうち，C商品30個について色違いのものがあり，得意先（新橋商
　　　　　店）から返品され，この金額を新橋商店に対する売掛金から差し引いた。

（仕　訳）
7月1日　（借）　　　　　　　　　　　（貸）

7月6日　（借）　　　　　　　　　　　（貸）

7月11日　（借）　　　　　　　　　　（貸）

7月13日　（借）　　　　　　　　　　（貸）

7月17日　（借）　　　　　　　　　　（貸）

7月18日　（借）　　　　　　　　　　（貸）

7月19日　（借）　　　　　　　　　　（貸）

7月22日　（借）　　　　　　　　　　　（貸）

7月27日　（借）　　　　　　　　　　　（貸）

7月29日　（借）　　　　　　　　　　　（貸）

問題 2

次の取引にもとづいて，琴海商事と平戸株式会社の仕訳を示しなさい。

10月7日　琴海商事は，平戸株式会社に対して商品¥300,000を注文し，¥50,000を内金として小切手で渡した。

10月15日　琴海商事は，平戸株式会社から上記商品を受け取り，前払金との差額¥250,000については現金で支払った。

琴海商事の仕訳

　　10月7日　（借）　　　　　　　　　（貸）

　　10月15日　（借）　　　　　　　　（貸）

平戸株式会社の仕訳

　　10月7日　（借）　　　　　　　　　（貸）

　　10月15日　（借）　　　　　　　　（貸）

問題 3

次の取引について仕訳を示しなさい。

8月17日　商品¥300,000をクレジットカードで販売した。信販会社への手数料は販売代金の3％であり，販売時に計上した。

8月31日　上記取引について手数料を差し引いた手取金が当座預金口座に振り込まれた。

（仕　訳）

　　8月17日　（借）　　　　　　　　　（貸）

　　8月31日　（借）　　　　　　　　　（貸）

第6章
繰越商品・売上原価

1 繰越商品

　繰越商品とは，期末時点で会社が保有する商品（**期末商品棚卸高**）のことである。この期末商品棚卸高は**繰越商品勘定**（資産）の借方に記入される。期末商品棚卸高は，繰越商品勘定では，**次期繰越**として繰り越され，次期の**期首商品棚卸高（前期繰越高）**となる。繰越商品勘定への記入は決算予備手続において作成される棚卸表に基づき行われる決算整理事項であり，**決算整理仕訳**を通じて行われる。

2 売上原価

⑴ 繰越商品と売上

　3分法では，商品の売上のつど売上原価を把握しない。商品売買に伴う利益計算のためには，決算時に売上原価をまとめて計算し，これを売上勘定に記録されている1期間の純売上高と対応させる必要がある。売上原価の計算式は以下のとおりである。

　　　　売上原価 =（期首商品棚卸高 + 当期純仕入高）- 期末商品棚卸高

　なお，この売上原価を売上高から控除すると売上総利益が算定される。売上総利益の計算式は以下のとおりである。

　　　　売上総利益 = 売上高 - 売上原価

売上総利益は，1期間の商品売買から生じる利益を示す。
　簿記では売上原価の計算を仕訳を通じて行う。その場合，仕入勘定で計算を行う場合と売上原価勘定（費用）で行う場合がある。以下では，まず仕入勘定で売上原価を計算する決算整理仕訳を説明する。
　[(i)　期首商品棚卸高を仕入勘定借方へ振り替えるための決算整理仕訳]
　　　（借）仕　　　　入 XXX　　　（貸）繰越商品 XXX
　この仕訳の転記により，期首商品棚卸高が仕入勘定に振り替えられる。この結果，仕入勘定の借方は上記の売上原価の計算式の（期首商品棚卸高+当期純仕入高）の部分を表すことになる。
　[(ii)　期末商品棚卸高を仕入勘定貸方へ振り替えるための決算整理仕訳]
　　　（借）繰越商品 XXX　　　（貸）仕　　　　入 XXX
　この仕訳の転記により，仕入勘定の貸方に期末商品棚卸高が記入される。この結果，仕入勘定全体が上記の売上原価の計算式を表すことになり，その借方残高が売上原価となる。また，繰越商品勘定は，次期に繰り越される期末商品棚卸高を表示することとなる。
　以上の仕訳の転記を繰越商品勘定と仕入勘定で表せば，次のとおりである。

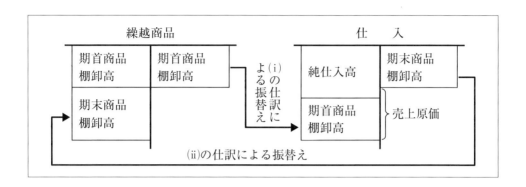

　また，売上原価の算定を，仕入勘定ではなく，売上原価勘定を設けて行う場合，まず期首商品棚卸高を繰越商品勘定から売上原価勘定の借方へ振り替え，次に当期仕入高を仕入勘定から売上原価勘定の借方に振り替える。これら2つの振替えの結果，売上原価勘定の借方は売上原価の計算式の（期首商品棚卸高＋当期純仕入高）を表すことになる。

　　[(i)　期首製品棚卸高を繰越商品勘定から売上原価勘定へ振り替えるための決算整理仕訳]

　　　　（借）　売 上 原 価　XXX　　　　（貸）　繰 越 商 品　XXX

　　[(ii)　当期仕入高を仕入勘定から売上原価勘定へ振り替えるための決算整理仕訳]

　　　　（借）　売 上 原 価　XXX　　　　（貸）　仕　　　入　XXX

　さらに，期末商品棚卸高を売上原価勘定から繰越商品勘定の借方へ振り替える。売上原価勘定の貸方に記録することによって，売上原価勘定全体が売上原価の計算式の全体を表すことになり，その借方残高が売上原価の金額を示すことになる。また，繰越商品勘定の借方に記録することによって，次期繰越高が資産として計上されるのである。

　　[(iii)　期末商品棚卸高を売上原価勘定から繰越商品勘定へ振り替えるための決算整理仕訳]

　　　　（借）　繰 越 商 品　XXX　　　　（貸）　売 上 原 価　XXX

(2)　商品有高帳

　売上原価の算定に必要な期末商品棚卸高は商品有高帳で把握される。**商品有高帳**とは，会社が扱っている商品の種類ごとに，商品の受入れ・払出しのつど，その数量および金額を記録して，残高を把握するという在庫管理のための補助元帳である。その様式については例題4で示す。

　商品有高帳の日付欄には商品の受入れや払出しがあった日付を，摘要欄には商品を仕入れた場合には仕入，商品を売り上げた場合には売上と記入する。受入欄には商品を仕入れた場合の数量・単価・金額

Column

　　第5章では仕入勘定を費用として説明しましたが，ここで学んだように，期首と期末の商品棚卸高を調整して計算した売上原価が費用となります。ですから，厳密な意味で，仕入勘定が費用と言えるかどうかは議論になりそうですが，一般に費用として位置づけられています。

を記入し，引渡欄には商品を売り上げた場合の数量・単価・金額を記入する。引渡欄に記入する単価は，売上単価ではなく，販売により得意先に引き渡した商品の仕入単価である。残高欄には，仕入・売上時点での在庫数量・単価・金額を記入する。このような記録を経て，商品有高帳の上で，期末商品棚卸高が把握される。

　なお，同一商品であっても物価変動などの理由で仕入単価が異なる場合，商品の引渡時点での払出単価の算定方法には数種類ある。本章では，先入先出法と移動平均法について学習する。

　（注）　仕入戻しは，引渡欄に仕入れた単価と金額を記入する。また，売上戻りは，受入欄に，払出単価で記入する。なお，仕入戻しを受入欄に，売上戻りを引渡欄に朱書きする方法もある。

　①　先入先出法

先入先出法とは，先に仕入れた商品から先に払い出したと仮定して払出単価を計算し，残高を求める方法である。

　②　移動平均法

移動平均法とは，商品を仕入れるたびに，商品の平均仕入単価を計算し，残高欄の金額をある程度最近の金額を反映させたものにする方法である。移動平均法による平均単価の計算式は以下のとおりである。

$$平均単価 = \frac{直前の残高欄の金額 ＋ 仕入れた受入欄の金額}{直前の残高欄の数量 ＋ 仕入れた受入欄の数量}$$

3　商品の実地棚卸

　これまでに学習した売上原価の計算には，期末商品棚卸高の把握が必要である。商品の期末商品棚卸高を求める方法には，**帳簿棚卸法**と**実地棚卸法**がある。

　帳簿棚卸法とは，前節2で説明した商品有高帳における商品の受払記録に基づいて，帳簿の上で商品の期末有高（帳簿有高）を求める方法である。しかし，この方法で把握した期末棚卸高は帳簿上の数字に過ぎず，それだけの商品が現実に存在しているかどうかはわからない。

　そこで，実際に倉庫等に行って実地調査を行い実際の商品期末有高（実際有高）や価格低下の有無を調べる実地棚卸が行われる。そして帳簿有高と実際有高とが一致しないとき，帳簿有高を実際有高に修正することが必要となる。このときに生じるのが，棚卸減耗と商品評価損であり，決算整理事項の１つである。

Column

　期末商品棚卸高を帳簿で決定する方法には，ここで紹介した先入先出法，移動平均法の他，個別法，総平均法，売価還元法があります。これらは会計学や上級の簿記を学習するときに出てきます。また，税法上認められている方法として最終仕入原価法という簡便法もあります。

⑴　棚卸減耗

棚卸減耗とは，商品の帳簿有高と実際有高を比較した場合，実際有高が少ない場合のことである。この棚卸減耗による商品減少部分を**棚卸減耗費（損）勘定**（費用）の借方に記入する。棚卸減耗費は，以下の式に基づいて計算される。

棚卸減耗費 ＝（帳簿有高 － 実際有高）× 1 個当たり原価

［棚卸減耗費の決算整理仕訳］

（借）　棚卸減耗費　XXX　　　　（貸）　繰 越 商 品　XXX

⑵　商品評価損（棚卸評価損）

商品評価損とは，期末商品棚卸高について生じた価値の下落のことである。この原因としては，商品の品質低下，市場の需給変化などが考えられる。

商品評価損が生じたときは，**商品評価損勘定**（費用）の借方に記入する。商品評価損は次の式によって計算される。

商品評価損 ＝（商品有高帳の 1 個当たりの原価(単価) － 1 個当たりの時価）× 実際有高

［商品評価損の決算整理仕訳］

（借）　商品評価損　XXX　　　　（貸）　繰 越 商 品　XXX

4　棚卸減耗費，商品評価損および商品の次期繰越額の関係

棚卸減耗費と商品評価損とが同時に生じているときは，棚卸減耗費から先に処理をする。棚卸減耗費および商品評価損と繰越商品の額の関係を図示すれば以下のようになる。この図の実際有高が期末商品棚卸高となり，次年度に繰越されることになる。

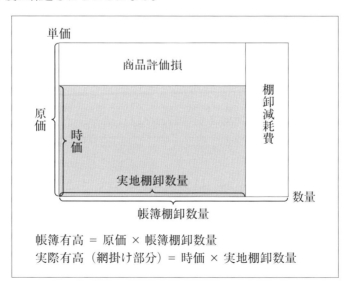

棚卸減耗費の仕訳や商品評価損の仕訳を繰越商品勘定の貸方に転記することによって，繰越商品勘定

における帳簿有高から棚卸減耗費や商品評価損が控除され，実際有高に一致することになる。また棚卸減耗費と商品評価損を売上原価に算入する場合と算入しない場合がある。これらについては，例題5で説明する。

例 題 1

　C商品の期首商品棚卸高が¥60,000であり，期中にC商品¥150,000を掛けで仕入れたとする。期中におけるC商品の仕入の仕訳をし，仕入勘定および繰越商品勘定への転記を行いなさい。

解 答

　（借）仕　　入　150,000　　　（貸）買　掛　金　150,000

繰 越 商 品				仕　　　入		
前期繰越	60,000			買 掛 金	150,000	

　期首において繰越商品勘定の借方に期首商品棚卸高が「前期繰越」として記録されているので，この例題のC商品の仕入時点では期首商品棚卸についての仕訳は必要ない。

例 題 2

　例題1の勘定記録の後，決算日において，C商品の期末商品棚卸高が¥50,000であったとする。仕入勘定を使って売上原価を計算する場合の決算整理仕訳を示すとともに，仕入勘定および繰越商品勘定への転記を行いなさい。

解 答

　（借）仕　　入　60,000　　　（貸）繰 越 商 品　60,000
　（借）繰 越 商 品　50,000　　　（貸）仕　　入　50,000

繰 越 商 品				仕　　　入		
前期繰越	60,000	仕　　入	60,000	買 掛 金	150,000	繰越商品　50,000
仕　　入	50,000			繰越商品	60,000	

　※仕入勘定の借方残高¥160,000が，売上原価である。

例 題 3

　例題2のケースにおいて売上原価を仕入勘定ではなく，売上原価勘定を使って算定する場合の決算整理仕訳を示すとともに，繰越商品勘定，仕入勘定および売上原価勘定への転記を行いなさい。

解　答

（借）　売 上 原 価　60,000　　（貸）　繰 越 商 品　60,000
（借）　売 上 原 価　150,000　（貸）　仕　　　　入　150,000
（借）　繰 越 商 品　50,000　　（貸）　売 上 原 価　50,000

繰 越 商 品

前期繰越	60,000	売上原価	60,000
売上原価	50,000		

仕　　入

買 掛 金	150,000	売上原価	150,000

売 上 原 価

繰越商品	60,000	**繰越商品**	**50,000**
仕　　入	150,000		

※売上原価は，売上原価勘定の借方残高￥160,000である。

例 題 4

　赤間株式会社の6月の取引は次のとおりであった。この取引を3分法での仕訳を示すとともに，先入先出法と移動平均法による商品有高帳に記入し，締め切りなさい。
　6月1日　前月末の商品棚卸高は，￥150,000（W商品：@￥15,000×10個）であった。
　6月8日　福津商店から単価￥12,000のW商品20個を掛けで仕入れた。
　6月10日　8日に仕入れた商品のうち，不良品10個を福津商店に返品した。
　6月21日　東郷商店に対してW商品10個を1個￥20,000で掛売りした。
　6月26日　東郷商店に対してW商品5個を1個￥21,000で掛売りした。

解　答

　6月1日　仕訳なし
　6月8日　（借）　仕　　　入　240,000　（貸）　買　掛　金　240,000
　6月10日（借）　買　掛　金　120,000　（貸）　仕　　　入　120,000
　6月21日（借）　売　掛　金　200,000　（貸）　売　　　上　200,000
　6月26日（借）　売　掛　金　105,000　（貸）　売　　　上　105,000

《先入先出法》

商品有高帳

(W)

（単位：個）

20X1年		摘　要	受　入			引　渡			残　高		
			数量	単価	金　額	数量	単価	金　額	数量	単価	金　額
6	1	前 月 繰 越	10	15,000	150,000				10	15,000	150,000
	8	仕　　　入	20	12,000	240,000				10	15,000	150,000
									20	12,000	240,000
	10	戻 し 品				10	12,000	120,000	10	15,000	150,000
									10	12,000	120,000
	21	売　　　上				10	15,000	150,000	10	12,000	120,000
	26	売　　　上				5	12,000	60,000	5	12,000	60,000
	30	**次 月 繰 越**				**5**	**12,000**	**60,000**			
			30		390,000	30		390,000			
7	1	前 月 繰 越	5	12,000	60,000				5	12,000	60,000

（太字は朱書きを意味する）

《移動平均法》

商品有高帳

(W)

（単位：個）

20X1年		摘　要	受　入			引　渡			残　高		
			数量	単価	金　額	数量	単価	金　額	数量	単価	金　額
6	1	前 月 繰 越	10	15,000	150,000				10	15,000	150,000
	8	仕　　　入	20	12,000	240,000				30	13,000	390,000
	10	戻 し 品				10	12,000	120,000	20	13,500	270,000
	21	売　　　上				10	13,500	135,000	10	13,500	135,000
	26	売　　　上				5	13,500	67,500	5	13,500	67,500
	30	**次 月 繰 越**				**5**	**13,500**	**67,500**			
			30		390,000	30		390,000			
7	1	前 月 繰 越	5	13,500	67,500				5	13,500	67,500

（太字は朱書きを意味する）

6月8日，10日の払出単価の計算は，下記のとおりである。

$$8日：\frac{¥150,000 + ¥240,000}{10個 + 20個} = @¥13,000$$

10日：仕入戻しの場合であるから，次のように計算する。

$$\frac{残高欄の金額 - 戻し品の金額}{残高欄の数量 - 戻し品の数量} = \frac{¥390,000 - ¥120,000}{30個 - 10個} = @¥13,500$$

例題 5

次の資料に基づいて，以下の設問に答えなさい。

　［資料］　期首商品棚卸高　　　¥300,000

　　　　　　当期仕入高　　　　　¥1,000,000（期中において返品はなかった）

　　　　　　期末商品棚卸高

　　　　　　　　帳簿上の数量　50個　原価@¥5,000

　　　　　　　　実地棚卸数量　40個　時価@¥4,800

(1)　棚卸減耗費を計算しなさい。

(2)　商品評価損を計算しなさい。

(3)　棚卸減耗費と商品評価損を売上原価に含めない場合の決算整理仕訳を示しなさい。

解 答

(1)　棚卸減耗費 ＝（50個 － 40個）× @¥5,000 ＝ ¥50,000

(2)　商品評価損 ＝（@¥5,000 － @¥4,800）× 40個 ＝ ¥8,000

(3)　（借）　仕　　　　入　300,000　　　（貸）　繰 越 商 品　300,000

　　　（借）　繰 越 商 品　250,000　　　（貸）　仕　　　　入　250,000

　　　（借）　棚卸減耗費　 50,000　　　（貸）　繰 越 商 品　 58,000

　　　　　　　商品評価損　　 8,000

　　上記(3)の仕訳のうち，借方の繰越商品勘定の¥250,000は，帳簿有高である。この繰越商品勘定の貸方に，棚卸減耗費と商品評価損の合計¥58,000を記入することにより，繰越商品の帳簿有高からこれらの金額が減額され，実際有高と一致する。(3)の仕訳が転記された繰越商品勘定を示すと以下のようになる。

繰越商品	
前期繰越　　　300,000 （期首商品棚卸高）	仕入　　　　300,000 （期首商品棚卸高の仕入勘定 　への振替分）
仕入　　　　250,000 （帳簿上の期末商品棚卸高） （帳簿有高）	諸口　　　　58,000 （棚卸減耗費と商品評価損の 　合計額）
	＞実際有高

　　なお，棚卸減耗費と商品評価損を売上原価に算入する場合は，売上原価を仕入勘定で計算しているので，棚卸減耗費と商品評価損を仕入勘定へ振り替える次の仕訳を，この例題の(3)の仕訳に追加すればよい。

（借）　仕　　　入　58,000　　　（貸）　棚卸減耗費　50,000
　　　　　　　　　　　　　　　　　　　　商品評価損　　8,000

■■■■　◆練習問題◆　■■■■

問題1

　C商品の期首商品棚卸高が¥700,000であり，期中にC商品¥900,000を現金で仕入れたとし，期末商品棚卸高が¥600,000であったとする。以下の設問に答えなさい。
(1)　決算整理仕訳を示しなさい。なお，売上原価は仕入勘定で算定する。
　　　（借）　　　　　　　　　　　　（貸）
　　　（借）　　　　　　　　　　　　（貸）

(2)　売上原価はいくらになるか計算しなさい。

問題2

(1)　次の取引について仕訳を示しなさい。
10月 6 日　調布商店から商品¥75,000を掛けで仕入れた。
10月13日　布田商店に商品¥105,000を売り上げ，代金は掛けで受け取った。
10月30日　期末商品棚卸高は¥15,000であったが，繰越商品勘定には¥18,000が記帳されていた。なお，売上原価は仕入勘定で算定する。
10月 6 日　（借）　　　　　　　　　（貸）

10月13日　（借）　　　　　　　　　（貸）

10月30日　（借）　　　　　　　　　（貸）
　　　　　　（借）　　　　　　　　　（貸）

(2)　売上総利益はいくらになるか計算しなさい。

問題3

　問題2⑴の10月30日に仕入勘定ではなく，売上原価勘定を使って売上原価を算定する場合の仕訳を示しなさい。

　10月30日　（借）　　　　　　　　　　（貸）

　　　　　　（借）　　　　　　　　　　（貸）

　　　　　　（借）　　　　　　　　　　（貸）

第7章
手形取引

◼1 手　　形

　商品を仕入れた際の支払いや売上による代金の回収を現金や小切手ではなく，手形によって行うことがある。手形には**約束手形**（**約手**（やくて）と略されることもある）と**為替手形**（**為手**（ためて）と略されることもある）がある。なお，手形は通常，書面であるが，保管に関わる紛失や盗難のリスクやコストを低下させるために，近年ではインターネット上で手形を電子化したもの（電子記録債権，第8章で説明）も登場している。本章では，約束手形の記帳について説明する。

(1) 約束手形

　約束手形は，**振出人**が**名宛人**(受取人)に対して，一定の期日（支払期日）に，指定された場所で，一定の金額を支払うことを約束する証券である。たとえば，片淵株式会社が坂本商事から商品を仕入れ，その支払代金として約束手形を振り出したとする。この場合，振出人は片淵株式会社であり手形金額を支払う義務を負う。これに対して，名宛人(受取人)は坂本商事であり，手形金額を受け取る権利をもつことになる。

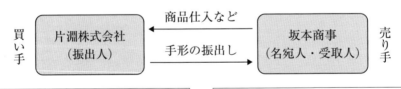

　手形の取引で用いられる勘定科目は，**受取手形勘定**（資産）と**支払手形勘定**（負債）である。約束手形を振り出した際，振出人は約束手形の金額を支払手形勘定の貸方に記入し，名宛人（受取人）は約束手形の金額を受取手形勘定の借方に記入する。上記の図に基づく約束手形の振出し・受取りおよび決済（取立てと支払い）の仕訳を示すと以下のようになる。

［約束手形を用いて商品売買をした時の仕訳］

◇片淵株式会社（振出人）

　　（借）仕　　　入　XXX　　　（貸）支　払　手　形　XXX

◇坂本商事（名宛人・受取人）

　　（借）受　取　手　形　XXX　　　（貸）売　　　　　上　XXX

［約束手形を決済した時の仕訳］

◇片淵株式会社（振出人）：坂本商事（名宛人・受取人）に対する支払い

　　（借）支　払　手　形　XXX　　　（貸）当　座　預　金　XXX

◇坂本商事（名宛人・受取人）：片淵株式会社（振出人）に対する取立て

　（借）当座預金 XXX　　（貸）受取手形 XXX

　※手形の取立てと支払いは，通常，銀行を通じて行われることから「当座預金」を増減させる。

⑵　**手形記入帳**

　手形の取引があった場合，支払人は支払手形記入帳に記録し，受取人は受取手形記入帳に記録する。その様式は例題1で示す。

2 手形の裏書譲渡と割引

⑴　**裏書譲渡**

　手形の**裏書譲渡**とは，約束手形や為替手形を保有する人（受取人（債権者））が，仕入代金の支払いなどのために，支払期日まで手形を所有することなく裏面に記名押印することによって，手形金額を受け取る権利を他人に譲渡することをいう。

　［手形の裏書譲渡をした時の仕訳］

　◇仕入代金の支払いのために手形を裏書譲渡した側

　　（借）仕　　入 XXX　　（貸）受取手形 XXX

　　※所有していた手形（受取手形（債権）仕入先にを譲渡したので，受取手形勘定の貸方に記帳する。

　◇売上代金として裏書譲渡された手形を受け取った側

　　（借）受取手形 XXX　　（貸）売　　上 XXX

　　※得意先から手形（受取手形（債権））を譲渡されたので，受取手形勘定の借方に記帳する。

⑵　**割　　引**

　手形の**割引**とは，約束手形を保有する人（受取人（債権者））が，資金を得る目的で，支払期日まで手形を所有することなく銀行等の金融機関に裏書譲渡することをいう。金融機関は裏書譲渡された日から支払期日までの残数の利息を計算し，手形の金額から割り引いて当座預金に入金する。したがって，金融機関から実際に受け取る金額は手形の金額よりも低くなる。その差額は**手形売却損勘定**（費用）として借方に記帳する。

　［手形の割引をした時の仕訳］

　　（借）当座預金 XXX　　（貸）受取手形 XXX

　　　　　手形売却損 XXX

3 手形借入金・手形貸付金

　これまで学習した手形は商品の売買取引に関して用いられるものであった。これに対して，金銭を借り入れたり，また貸し付けたりする際に手形を借用証書の代わりに振り出すことがある。この手形は**金融手形**とよばれ，借り入れた側は**手形借入金勘定**（負債），貸し付けた側は**手形貸付金勘定**（資産）に記入する。なお，手形借入金は借入金勘定，手形貸付金は貸付金勘定で処理することも認められている。

［金銭の借入れのために手形を振り出した時の仕訳］

（借）現　　　金　XXX　　　　（貸）手形借入金　XXX
　　　　　　　　　　　　　　　　　　（または借入金）

［金銭の貸付けのために手形を受取った時の仕訳］

（借）手形貸付金　XXX　　　　（貸）現　　　金　XXX
　　　（または貸付金）

例 題 1

次の取引に基づいて，以下の設問に答えなさい。

5月1日　西海株式会社は，松浦商会へ商品¥100,000を売り上げ，代金として松浦商会振出し，当
　　　　店宛ての約束手形を受け取った（＃5，振出日5月1日，支払期日5月30日，支払場所：
　　　　住吉銀行本店）。

5月10日　西海株式会社は，松浦商会より売掛金¥300,000に対して松浦商会振出し，当店宛ての約
　　　　束手形を受け取った（＃9，振出日5月10日，支払期日6月10日，支払場所：住吉銀行本
　　　　店）。

5月30日　住吉銀行より，松浦商会振出しの約束手形（＃5）¥100,000を取り立て，当店（西海商
　　　　店）の当座預金に松浦商会の当座預金から入金されたとの通知があった。

(1)　名宛人である西海株式会社の仕訳を示しなさい。

(2)　振出人である松浦商会の仕訳を示しなさい。

(3)　西海株式会社の受取手形記入帳および松浦商会の支払手形記入帳を作成しなさい。

解 答

(1)　西海株式会社の仕訳

　　　5月1日　　（借）受 取 手 形　100,000　　　（貸）売　　　　上　100,000
　　　5月10日　（借）受 取 手 形　300,000　　　（貸）売 掛 金　300,000
　　　5月30日　（借）当 座 預 金　100,000　　　（貸）受 取 手 形　100,000

(2)　松浦商会の仕訳

　　　5月1日　　（借）仕　　　　入　100,000　　　（貸）支 払 手 形　100,000
　　　5月10日　（借）買 掛 金　300,000　　　（貸）支 払 手 形　300,000
　　　5月30日　（借）支 払 手 形　100,000　　　（貸）当 座 預 金　100,000

(3)　西海株式会社の受取手形記入帳と松浦商会の支払手形記入帳

受取手形記入帳

日付		摘要	金額	手形種類	手形番号	支払人	振出人または裏書人	振出日		支払期日		支払場所	顛末	
													月日	摘要
5	1	売　上	100,000	約手	5	松浦商会	松浦商会	5	1	5	30	住吉銀行本店	5　30	取立て
	10	売掛金	300,000	約手	9	松浦商会	松浦商会	5	10	6	10	住吉銀行本店		

支払手形記入帳

日付		摘要	金額	手形種類	手形番号	受取人	振出人	振出日		支払期日		支払場所	顛末	
													月日	摘要
5	1	仕　入	100,000	約手	5	西海商店	当　　店	5	1	5	30	住吉銀行本店	5　30	支払い
	10	買掛金	300,000	約手	9	西海商店	当　　店	5	10	6	10	住吉銀行本店		

例 題 2

次の取引に基づいて，仕訳を示しなさい。

3月10日　商品￥500,000を仕入れ，代金は所有している約束手形￥300,000を裏書譲渡し，残額は掛けとした。

3月25日　約束手形￥100,000を銀行で割り引き，割引料￥500を差し引き，受取金は当座預金とした。

解 答

```
3月10日　（借）仕　　　　入　500,000　　（貸）受 取 手 形　300,000
　　　　　　　　　　　　　　　　　　　　　　　買 　掛 　金　200,000
3月25日　（借）当 座 預 金　 99,500　　（貸）受 取 手 形　100,000
　　　　　　　　手形売却損　　　 500
```

例 題 3

次の取引に基づいて，仕訳を示しなさい。

1月5日　文教商事は赤間商店より￥200,000を現金で借り入れ，借用証書の代わりに約束手形を振り出し，現金を受け取った。

1月15日　坂本商事は大島商店に￥300,000を現金で貸し付け，借用証書の代わりに約束手形を受け取った。

解　答

1月5日	（借）	現　　　金	200,000	（貸）	手形借入金	200,000
1月15日	（借）	手形貸付金	300,000	（貸）	現　　　金	300,000

◆練習問題◆

問題1

時津商店の次の取引について仕訳を示しなさい。

4月5日　長与商事から商品￥200,000を仕入れ，代金は約束手形を振り出して支払った。

4月12日　西海商会へ商品￥150,000を販売し，代金は西海商会振出しの約束手形で受取った。

4月20日　先の長与商事に振り出した約束手形￥200,000を，当店の当座預金から支払ったとの通知が取引銀行からあった。

4月29日　先に西海商会から受け取っていた約束手形￥150,000を取り立て，当座預金に入金したとの通知が取引銀行からあった。

（仕　　訳）

4月5日　（借）　　　　　　　　　（貸）

4月12日　（借）　　　　　　　　　（貸）

4月20日　（借）　　　　　　　　　（貸）

4月29日　（借）　　　　　　　　　（貸）

問題2

次の取引にもとづいて，仕訳を示しなさい。

8月4日　商品￥100,000を仕入れ，代金は所有している約束手形￥80,000を裏書譲渡し，残額は掛けとした。

8月25日　約束手形￥350,000を銀行で割り引き，割引料￥1,000を差し引き，受取金は当座預金とした。

（仕　　訳）

8月4日　（借）　　　　　　　　　（貸）

8月25日　（借）　　　　　　　　　（貸）

問題3

次の取引に基づいて，仕訳を示しなさい。

8月4日　調布銀行より￥1,000,000を約束手形を振り出して借り入れ，手取金を当座預金とした。

　　　　なお，借入期間は146日，利率は 2 ％である（ 1 年は365日として，支払利息を計算すること）。

8 月25日　深大寺商店に¥100,000を貸し付け，同額の約束手形を受け取った。なお，利息¥1,000を差し引いた残額が，小切手を振り出して貸し付けのために支払った金額である。

（仕　　訳）

　　　8 月 4 日　（借）　　　　　　　　　　　　　（貸）

　　　8 月25日　（借）　　　　　　　　　　　　　（貸）

第8章
債権・債務

　これまでの章では，営業活動のなかで発生する売掛金や買掛金，前払金や前受金，受取手形や支払手形などの債権・債務の記帳について学習してきた。本章では，これら以外の債権・債務の記帳方法について説明する。

1　貸付金と借入金

　他社や他人に金銭を貸し付けた場合，後日，貸し付けた金額の返済を受ける権利（債権）があるので，これを**貸付金勘定**（資産）に記帳する。これに対して，銀行などから金銭を借り入れた場合，後日，借り入れた金額を返済する義務（債務）があるので，これを**借入金勘定**（負債）に記帳する。また，金銭の貸し借りには利息が生じる。利息を受け取った場合は**受取利息勘定**（収益），逆に支払った場合は**支払利息勘定**（費用）に記帳する。

［金銭の貸付けをした場合の仕訳］

　　(借) 貸　付　金 XXX　　　(貸) 現　　　金 XXX

［金銭の借入れをした場合の仕訳］

　　(借) 現　　　金 XXX　　　(貸) 借　入　金 XXX

［貸付金の返済額が利息とともに当座預金に振り込まれた場合の仕訳］

　　(借) 当 座 預 金 XXX　　　(貸) 貸　付　金 XXX
　　　　　　　　　　　　　　　　　受 取 利 息 XXX

［借入金の返済額を利息とともに小切手を振り出して支払った場合の仕訳］

　　(借) 借　入　金 XXX　　　(貸) 当 座 預 金 XXX
　　　　支 払 利 息 XXX

2　未収入金と未払金

　主たる営業活動以外の取引（たとえば，商品以外の土地や備品などの売買取引）においても，後日，代金の受け渡しを約束して売買することがある。まだ代金を受け取っていない場合は，後日，代金を受け取る権利（債権）があるので，これを**未収入金勘定**（資産）に記帳する。これに対して，まだ代金を支払っていない場合は，後日，代金を支払う義務（債務）があるので，これを**未払金勘定**（負債）に記帳する。

［備品を売却し，代金を翌月受け取ることにした場合の仕訳］

　　(借) 未 収 入 金 XXX　　　(貸) 備　　　品 XXX

　※第10章で説明するように，備品などの有形固定資産では減価償却が行われるため，売却に伴う仕訳ではこれを加味する必要がある。したがって，ここに示した仕訳よりも複雑になる。

［土地を購入した際に，代金は翌月支払うことにした場合の仕訳］

　　（借）土　　　　地　XXX　　　（貸）未　払　金　XXX

3　立替金と預り金

　取引先や従業員が払うべき金額を一時的に立替え払い（給料の前払いを含む）をする場合，この金額を後日受け取る権利（債権）があるので，これを**立替金勘定**（資産）に記帳する。これに対して，取引先や従業員から一時的に金銭を預かる場合，この金額を後日支払う義務（債務）があるので，これを**預り金勘定**（負債）に記帳する。なお，従業員に対するものは，**従業員立替金勘定**（資産）または**従業員預り金勘定**（負債）として，取引先に対するものと区別する。また従業員の給料に課される所得税や社会保険料については，**所得税預り金勘定**（負債）や**社会保険料預り金勘定**（負債）として記録する。

　［取引先が負担するべき発送費を立替え払いをした場合の仕訳］

　　（借）立　替　金　XXX　　　（貸）現　　　　金　XXX

　［給料の支払いにあたり所得税を預り，残額を現金で支払った場合の仕訳］

　　（借）給　　　　料　XXX　　　（貸）所得税預り金　XXX
　　　　　　　　　　　　　　　　　　　　現　　　　金　XXX

4　仮払金と仮受金

　現金を支出したが，その内容（相手勘定科目）や金額が確定していない場合，その支出額を**仮払金勘定**（資産）に記帳する。逆に，現金収入があったが，その内容（相手勘定科目）や金額が確定していない場合，その収入額を**仮受金勘定**（負債）に記帳する。なお，後日，相手勘定科目や金額が確定したならば，該当する勘定科目に振り替える。

　［現金の支出があったが，相手勘定科目が不明な場合の仕訳］

　　（借）仮　払　金　XXX　　　（貸）現　　　　金　XXX

　［後日，この支払いが通信費であることが判明した場合の仕訳］

　　（借）通　信　費　XXX　　　（貸）仮　払　金　XXX

　［現金収入があったが，相手勘定科目が不明な場合の仕訳」

　　（借）現　　　　金　XXX　　　（貸）仮　受　金　XXX

　［後日，この収入が売掛金の回収であることが判明した場合の仕訳］

　　（借）仮　受　金　XXX　　　（貸）売　掛　金　XXX

　なお，IC カードにチャージをしたときにも仮払金勘定に記録し，この IC カードを用いて支払をしたとき旅費交通費勘定（費用）などに振り替える。

5　受取商品券

　商品を販売したとき，他社や自治体が発行した商品券による支払いを受けることがある。この場合，当該商品券の発行者から代金を受け取る権利（債権）が生じる。この債権は，**受取商品券勘定**（資産）に記帳する。

［他社発行の商品券により商品の販売を行った場合の仕訳］

　　（借）受取商品券　XXX　　　（貸）売　　　上　XXX

［他社発行の商品券を決済し，代金が当座預金に振り込まれた場合の仕訳］

　　（借）当座預金　XXX　　　（貸）受取商品券　XXX

6　差入保証金

　土地や建物・部屋を賃借するとき，保証金を差し入れることがある。代表的な例は敷金である。保証金は，賃借を終了する時，原状回復のための費用の支払いに充てられるが，その金額を控除した後の差額の返済を受け取る権利（債権）がある。この債権を**差入保証金勘定**（資産）に記帳する。

［建物の賃借にあたり，現金を敷金として差し入れた場合の仕訳］

　　（借）差入保証金　XXX　　　（貸）現　　　金　XXX

［賃借契約を解消し，修繕費控除後の金額が普通預金に振り込まれた場合の仕訳］

　　（借）修　繕　費　XXX　　　（貸）差入保証金　XXX

　　　　　普通預金　XXX

7　電子債権・債務

　電子記録債権や電子記録債務を利用することが普及している。これは，電子債権記録機関に，取引銀行を通じて債権を電子的に記録すると，取引相手に通知され，支払期日が来ると電子的に決済が行われるものである。

　債権者は債権が電子記録されると，将来受け取るべき債権額を**電子記録債権勘定**（資産）に記帳する。他方，債務者は，将来支払うべき義務である債務額を**電子記録債務勘定**（負債）に記帳する。

［取引銀行を通じて売掛金について電子債権記録機関に発生記録を請求したときの仕訳］

　　（借）電子記録債権　XXX　　　（貸）売　掛　金　XXX

［決済日が到来し，当座預金に振込が行われたときの仕訳］

　　（借）当座預金　XXX　　　（貸）電子記録債権　XXX

［電子債権記録機関から自社の買掛金が発生記録された通知を受けたときの仕訳］

　　（借）買　掛　金　XXX　　　（貸）電子記録債務　XXX

［決済日が到来し，当座預金口座から相手の口座に振込みが行われたときの仕訳］

　　（借）電子記録債務　XXX　　　（貸）当座預金　XXX

例題 1

次の取引について，西海株式会社と諫早商事の仕訳を示しなさい。

9月12日　西海株式会社は，取引先である諫早商事から現金¥700,000を借り入れた。

11月3日　西海株式会社は，上記借入金を利息¥7,000とともに，小切手を振り出して支払った。

解　答

◎西海株式会社の仕訳

9月12日	（借）	現　　　　金	700,000	（貸）	借　入　金	700,000
11月3日	（借）	借　入　金	700,000	（貸）	当座預金	707,000
		支払利息	7,000			

◎諫早商事の仕訳

9月12日	（借）	貸　付　金	700,000	（貸）	現　　　　金	700,000
11月3日	（借）	現　　　　金	707,000	（貸）	貸　付　金	700,000
					受取利息	7,000

例　題　2

　長与商会は，時津商事に対して，土地￥50,000,000を売却し，代金は月末に受け取ることにした。長与商会と時津商事の仕訳を示しなさい。

解　答

◎長与商会の仕訳

（借）　未収入金　50,000,000　　　（貸）　土　　　　地　50,000,000

◎時津商事の仕訳

（借）　土　　　　地　50,000,000　　　（貸）　未　払　金　50,000,000

例　題　3

次の取引を仕訳しなさい。

3月20日　商品の販売にあたり，先方が負担すべき発送費￥5,000を現金で立替え払いした。

3月25日　従業員に対する給料￥300,000の支払いに対して，所得税￥30,000の源泉徴収額を差し引き，残額を現金で支給した。

解　答

3月20日	（借）	立　替　金	5,000	（貸）	現　　　　金	5,000
3月25日	（借）	給　　　　料	300,000	（貸）	現　　　　金	270,000
					所得税預り金	30,000

例題 4

次の取引を仕訳しなさい。

4月4日　従業員の出張に際し，旅費としてその概算額¥50,000を現金で渡した。

4月5日　出張中の従業員から当座預金に¥100,000が振り込まれたが，その内容が不明である。

4月6日　出張の終了後，旅費の精算を行い，残金¥3,000を受け取った。

4月7日　従業員から，4月5日の振込みが売掛金の返済であるとの説明があった。

解　答

4月4日	(借)	仮 払 金	50,000	(貸)	現　　　金	50,000
4月5日	(借)	当 座 預 金	100,000	(貸)	仮 受 金	100,000
4月6日	(借)	旅費交通費	47,000	(貸)	仮 払 金	50,000
		現　　　金	3,000			
4月7日	(借)	仮 受 金	100,000	(貸)	売 掛 金	100,000

例題 5

次の取引を仕訳しなさい。

8月10日　¥60,000の商品を販売した。代金のうち¥50,000は佐々商事発行の商品券で受け取り，残高は現金で受け取った。

9月30日　佐々商事発行の商品券を精算し，現金で受け取った。

解　答

8月10日	(借)	受取商品券	50,000	(貸)	売　　　上	60,000
		現　　　金	10,000			
9月30日	(借)	現　　　金	50,000	(貸)	受取商品券	50,000

例題 6

次の取引を仕訳しなさい。

X2年8月1日　倉庫用の建物を賃借する5年契約を結び，敷金として¥500,000を小切手で支払った

X7年7月31日　上記賃借契約を解除し，建物を原状回復するための修繕費¥200,000が控除された後，残額が普通預金口座に振り込まれた。

| 解　答 |

　　　　X2年 8 月 1 日　（借）　差入保証金　500,000　　　（貸）　当 座 預 金　500,000
　　　　X7年 7 月31日　（借）　修 繕 費　200,000　　　（貸）　差入保証金　500,000
　　　　　　　　　　　　　　　　普 通 預 金　300,000

| 例 題 7 |

次の取引について，壱岐株式会社と対馬株式会社のそれぞれ仕訳を示しなさい。

8 月 2 日　壱岐株式会社は，対馬株式会社に対する売掛金¥250,000を，取引銀行を通じて，電子記録することを申請した。対馬株式会社は，取引銀行を通じて電子記録債務の通知を受けたので，これを承認した。

9 月30日　決済日が来たので，壱岐株式会社の普通預金口座と対馬株式会社の普通預金口座との間で決済が行われた。

| 解　答 |

　　　壱岐株式会社
　　　8 月 2 日　（借）　電子記録債権　250,000　　　（貸）　売 掛 金　250,000
　　　9 月30日　（借）　普 通 預 金　250,000　　　（貸）　電子記録債権　250,000
　　　対馬株式会社
　　　8 月 2 日　（借）　買 掛 金　250,000　　　（貸）　電子記録債務　250,000
　　　9 月30日　（借）　電子記録債務　250,000　　　（貸）　普 通 預 金　250,000

◆練習問題◆

問題1

次の取引に基づいて，佐世保株式会社と野母崎商会の仕訳を示しなさい。

12月 3 日　佐世保株式会社は所有している土地の一部¥8,000,000を野母崎商会に売却し，代金は月末に受け取ることにした。

12月25日　佐世保株式会社は上記の土地代金を野母崎商会振出しの小切手で受け取り，ただちに当座預金とした。

◎佐世保株式会社の仕訳
　　　12月 3 日　（借）　　　　　　　　　　　（貸）
　　　12月25日　（借）　　　　　　　　　　　（貸）
◎野母崎商会の仕訳
　　　12月 3 日　（借）　　　　　　　　　　　（貸）
　　　12月25日　（借）　　　　　　　　　　　（貸）

問題2

次の取引に基づいて，住吉商事と赤迫株式会社の仕訳を示しなさい。

2月12日　住吉商事は，赤迫株式会社に対して借用証書による￥500,000の貸付けをするために，同額の小切手を振り出した。

2月28日　住吉商事は，上記の貸付金を利息￥5,000とともに赤迫株式会社振出しの小切手で受け取り，ただちに当座預金とした。

◎住吉商事の仕訳

2月12日　（借）　　　　　　　　　　（貸）

2月28日　（借）　　　　　　　　　　（貸）

◎赤迫株式会社の仕訳

2月12日　（借）　　　　　　　　　　（貸）

2月28日　（借）　　　　　　　　　　（貸）

問題3

次の各取引について仕訳しなさい

6月10日　従業員の出張に際し，旅費の概算額￥75,000を現金で渡した。

6月12日　出張中の従業員から￥200,000の当座振込みがあったが，その原因は不明である。

6月15日　従業員が帰社し，旅費の残額￥2,000を現金で受け取った。なお，12日の当座振込みは，取引先に対する貸付金の回収であることがわかった。

（仕　訳）

6月10日　（借）　　　　　　　　　　（貸）

6月12日　（借）　　　　　　　　　　（貸）

6月15日　（借）　　　　　　　　　　（貸）

〃　（借）　　　　　　　　　　（貸）

問題4

次の各取引について仕訳しなさい。

3月15日　従業員に給料の前払いとして現金￥50,000を渡した。

3月25日　給料の支払いにあたり，従業員に対して給料￥300,000のうち，15日に立替払いした￥50,000と源泉所得税￥30,000を差し引き，￥220,000を現金で支払った。

（仕　訳）

3月15日　（借）　　　　　　　　　　（貸）

3月25日　（借）　　　　　　　　　　（貸）

問題 5

次の各取引について仕訳しなさい。

10月18日　商品¥30,000を販売し，その代金のうち¥20,000はA市発行の商品券で受け取り，残額は現金で受け取った。

10月31日　当店保有のA市発行の商品券¥20,000を決済し，代金を現金で受け取った。

（仕　訳）

　　　10月18日　（借）　　　　　　　　　　　（貸）

　　　10月31日　（借）　　　　　　　　　　　（貸）

問題 6

次の取引について仕訳をしなさい。

20X1年 8 月 1 日　店舗用の建物を 4 年間賃貸する契約を結び，敷金として¥100,000を，小切手を振り出して支払った。

20X5年 7 月31日　上記賃貸契約の解除にあたり，建物の修繕費として¥60,000を控除され，残額が当社の当座預金口座に振り込まれた。

（仕　訳）

　　　20X1年 8 月 1 日　（借）　　　　　　　　　　　（貸）

　　　20X5年 7 月31日　（借）　　　　　　　　　　　（貸）

問題 7

以下の取引について，福江商事と五島株式会社のそれぞれ仕訳を示しなさい。

10月10日　福江商事は，五島株式会社に対する未収入金¥500,000を，取引銀行を通じて，電子記録することを申請した。五島株式会社は，取引銀行を通じて電子記録債務の通知を受けたので，これを承認した。

11月20日　決済日が来たので，福江商事の普通預金口座と五島株式会社の当座預金口座との間で決済が行われた。

（仕　訳）

　　　福江商事

　　　10月10日　（借）　　　　　　　　　　　（貸）

　　　11月20日　（借）　　　　　　　　　　　（貸）

五島株式会社

10月10日　（借）　　　　　　　　　　　　　　　（貸）

11月20日　（借）　　　　　　　　　　　　　　　（貸）

第9章
貸倒損失・貸倒引当金

1 貸倒れと貸倒損失

　売掛金，受取手形などの売上債権や，貸付金，未収入金といった債権は，現金として回収されることを前提とする資産であるが，得意先の倒産などにより回収不能となる場合がある。これを**貸倒れ**という。売掛金などの債権が生じたのと同じ会計期間に貸倒れとなった場合は，その回収不能額を当期の費用として，**貸倒損失勘定**（費用）に計上する。

　［当期の貸付金が回収不能となった時の仕訳］

　　（借）貸倒損失 XXX　　　（貸）貸付金 XXX

2 貸倒引当金の設定

　決算日に，売掛金，受取手形，貸付金などの債権の勘定に残高がある場合，次期以降に貸倒れとなる可能性がある。そこで，過去の貸倒れの実績など経験率から次期以降に生じると予想される貸倒れを見積もる必要がある。

　この金額はあくまでも見積額であって，決算日時点ではまだ実際の貸倒れにはなっていない。このため，関連する債権の勘定の期末残高を直接減額することはできない。しかし，既に債権が生じているので，次年度以降に貸倒れが生じる可能性がある。そこで，**貸倒引当金勘定**（評価勘定）を設け，関連する債権勘定の期末残高から間接的に控除する方法が用いられる。貸倒引当金勘定の残高は，債権勘定の将来の確実な回収額を明らかにするために，債権勘定の期末残高を減少させる性質を有している。このような性格の勘定を**評価勘定**と呼ぶ。貸倒引当金の設定は，第3章や第14章で説明をする決算整理事項の1つである。

　下の図は，「売掛金勘定」の期末残高は600であるが，「貸倒引当金勘定」貸方の100が，次年度以降に見込まれる貸倒れ額を示しているので，両者の差額500が回収可能見込額であることを示している。

売掛金		貸倒引当金	
発生額 （800）	減少（200）		
	期末残高（600）	回収不能見込額（100）	
		回収可能見込額 （500）	

　具体的には，決算時に見積もった回収不能額を，**貸倒引当金繰入勘定**（費用）と**貸倒引当金勘定**（評価勘定）という2つの勘定を用いて仕訳をする。貸倒引当金勘定は，増加を貸方，減少を借方に記入す

る。

［当期末の貸倒引当金勘定の残高＜当期末の貸倒見積額の場合の決算整理仕訳］

（借）　貸倒引当金繰入　XXX　　　　（貸）　貸　倒　引　当　金　XXX

貸倒引当金の計上にあたり，前期末に設定した貸倒引当金勘定に期末残高がある場合，当期に新たに見積もった貸倒れの見積額と，貸倒引当金勘定の期末残高との差額を加減して，次年度の貸倒引当金額とする。この処理方法を**差額補充法**という。

もし貸倒引当金勘定の期末残高が当期末の貸倒見積額より多い場合は，その差額分だけ貸倒引当金勘定の金額を減額するとともに，同額を，**貸倒引当金戻入勘定**（収益）に記録する。

［当期末の貸倒引当金勘定の残高＞当期末の貸倒見積額の場合の決算整理仕訳］

（借）　貸　倒　引　当　金　XXX　　　　（貸）　貸倒引当金戻入　XXX

なお，貸倒引当金の設定では，差額補充法の他に**洗替法**と言われる処理方法もある。これは，決算日に貸倒引当金勘定に期末残高がある時，その全額を戻入して残高を取り消した後，当期の貸倒見積額を改めて計上する方法である。

3　貸倒れの発生と貸倒引当金

次期に入って貸倒れが実際に生じたときは，貸倒引当金勘定の残高と貸倒れ額との比較により，下記の会計処理方法を行う。

①　貸倒引当金勘定に残高がある場合

［貸倒引当金残高＞売掛金の貸倒額の場合］

（借）　貸倒引当金　XXX　　　　（貸）　売　　掛　　金　XXX

［貸倒引当金残高＜売掛金の貸倒額の場合］

（借）　貸倒引当金　XXX　　　　（貸）　売　　掛　　金　XXX
　　　　貸　倒　損　失　XXX

②　貸倒引当金勘定の残高がなくなった場合

［貸倒引当金の残高がなくなった後に，過年度に発生した売掛金が貸倒れになった場合の仕訳］

（借）　貸　倒　損　失　XXX　　　　（貸）　売　　掛　　金　XXX

貸倒引当金の残高以上に貸倒れが生じ，貸倒引当金勘定の残高がなくなった場合には，本章第1節「貸倒れと貸倒損失」で述べた仕訳と同じ仕訳をすることになる。

4　過去に貸倒れ処理した債権の回収

前期以前に貸倒れとして処理した債権の一部または全部が，何らかの理由で当期になって回収されたときには，**償却債権取立益勘定**（収益）の貸方に記入する。

［過去に貸倒れとして処理した債権が現金で返済された場合の仕訳］

（借）　現　　　　　　金　XXX　　　　（貸）　償却債権取立益　XXX

例　題

次の一連の取引の仕訳をしなさい。なお，貸倒引当金の設定は差額補充法によるものとする。

20X1年12月31日　決算にあたり，売掛金勘定の期末残高¥1,200,000に対して2％の貸倒れを見積もった。また，決算整理前の貸倒引当金勘定の残高は¥4,000である。

20X2年2月1日　取引先の小浜株式会社が倒産し，同店に対する前年度に発生した売掛金¥50,000が回収不能となった。

20X2年12月31日　期末において売掛金勘定の残高¥2,000,000および受取手形勘定の残高¥1,000,000があり，これらの残高に対して2％の貸倒れを見積もった。なお，決算整理前の貸倒引当金勘定の残高はない。

20X3年5月2日　得意先の国見株式会社が倒産し，前年度に発生した売掛金¥40,000が回収不能となった。

20X3年12月31日　決算にあたり，売掛金勘定の期末残高¥1,200,000に対して1％が回収不能と見込まれる。また，決算整理前の貸倒引当金勘定の残高は¥20,000である。

20X4年10月9日　過年度に貸倒れとして処理した島原株式会社に対する売掛金¥240,000を現金で回収した。

解　答

20X1年12月31日	（借）	貸倒引当金繰入	20,000	（貸）	貸倒引当金	20,000
20X2年2月1日	（借）	貸倒引当金	24,000	（貸）	売掛金	50,000
	（借）	貸倒損失	26,000			
20X2年12月31日	（借）	貸倒引当金繰入	60,000	（貸）	貸倒引当金	60,000
20X3年5月2日	（借）	貸倒引当金	40,000	（貸）	売掛金	40,000
20X3年12月31日	（借）	貸倒引当金	8,000	（貸）	貸倒引当金戻入	8,000
20X4年10月9日	（借）	現金	240,000	（貸）	償却債権取立益	240,000

◆練習問題◆

問題 1

次の一連の取引の決算整理仕訳を行いなさい。なお，貸倒引当金は差額補充法に基づいて設定する。

20X1年 3 月31日　決算にあたり，期末の売掛金残高¥2,400,000と受取手形残高¥1,800,000の合計額に対して，貸倒実績率 2 ％で貸倒れを見積もった。なお，貸倒引当金の残高は¥ 0 である。

20X1年 7 月19日　得意先の浦上株式会社が倒産し，売掛金¥40,000と同店振り出しの約束手形¥30,000が回収不能となった。なお，20X1年 3 月31日に設定した貸倒引当金は全額残っているものとする。

20X2年 3 月31日　決算にあたり，売掛金残高¥3,000,000と受取手形残高¥1,500,000との合計額に対して， 2 ％の貸倒れを見積もる。なお，貸倒引当金の残高は¥14,000ある。

（仕　訳）

　　20X1年 3 月31日　（借）　　　　　　　　　　　　　　（貸）

　　20X1年 7 月19日　（借）　　　　　　　　　　　　　　（貸）

　　20X2年 3 月31日　（借）　　　　　　　　　　　　　　（貸）

問題 2

過去に貸倒れとして処理した愛野株式会社に対する貸付金¥300,000が普通預金に振り込まれた。このときの仕訳を示しなさい。

（仕　訳）

　　（借）　　　　　　　　　　　　　（貸）

第10章
有形固定資産

1 有形固定資産の取得

　有形固定資産とは，文字通り「物理的な形」をもった固定資産であり，**備品**，**車両運搬具**，**建物**，**土地**などがある（下の例を参照）。

勘定科目	具　体　例
備品	事務用机，事務用椅子，応接セット，陳列棚，パソコン，ロッカーなど
車両運搬具	営業用のトラック，乗用車，オートバイなど
建物	事務所，店舗，倉庫など
土地	事務所用，店舗用，倉庫用の敷地

　固定資産を取得する際には，購入代価に加えて，引取運賃，据付費，手数料，登記料といった**付随費用**がかかるので，このような費用も固定資産の取得原価に含める。

　　固定資産の取得原価 ＝ 固定資産の購入代価 ＋ 付随費用

［備品を現金で購入した場合の仕訳］

（借）備　　　品　XXX　　　（貸）現　　　金　XXX

2 減価償却

　建物，自動車，備品などは使用や時間の経過などに伴い価値が減少する。決算において，この「価値の減少」を費用として記録する決算整理手続を**減価償却**といい，**減価償却費勘定**（費用）に記帳する。減価償却は決算期に実施される。減価償却の方法には，**定額法**，定率法，級数法，生産高比例法などがあるが，ここでは，定額法について学習していく。なお，土地は半永久的に使用できることから減価償却を行わない。

(1) 減価償却の計算方法

「定額法」

　固定資産の取得原価から残存価額を差し引いた金額を，耐用年数にわたって毎期定額で償却する方法

　　〈計算式〉　　1 年間の減価償却費 ＝ $\dfrac{\text{取得原価 － 残存価額}}{\text{耐用年数}}$

「取得原価」

購入代価と付随費用の合計額

「耐用年数」

経済的耐用年数：合理的に見積もられた経済的に使用可能な期間

法定耐用年数：「減価償却資産の耐用年数等に関する省令」によって規定された期間（実務で使用）

「残存価額」

耐用年数経過後の見積り処分価格

※「減価償却資産の耐用年数等に関する省令」の改正に伴い，平成19年4月1日以降に取得した資産から，その残存価額を1円とすることが可能となった。

(2) 減価償却の仕訳

① 直接法：当該有形固定資産勘定の取得原価から減価償却費を直接減額する方法

［建物を直接法で減価償却する場合の仕訳］

（借）　減価償却費　XXX　　　　（貸）　建　　　物　XXX

② 間接法：当該有形固定資産勘定の取得原価から減価償却費を直接減額せずに，**減価償却累計額勘定**（評価勘定）を用いる方法

　減価償却費累計額とは，取得時から現在までの毎期の減価償却費の合計額のことである。したがって，ある時点の有形固定資産の**帳簿価額**（価値減少を反映させた価額）は，固定資産の取得原価から減価償却累計額を差し引いた額となる。このことから，減価償却累計額は当該有形固定資産の取得原価をマイナス評価する特徴がある（前章で説明した貸倒引当金と同様の性格をもっている）。

n年後の帳簿価額 ＝ 取得原価 － n年目の減価償却累計額　　　（nは年数）

［建物を間接法で減価償却する場合の仕訳］

（借）　減価償却費　XXX　　　　（貸）　減価償却累計額　XXX

3 有形固定資産の売却

　固定資産を売却する場合，売却価額と帳簿価額（取得時点から売却時点までの減価償却の合計額を取得原価から控除した金額のことで，未償却残高ともいう）の差額を，売却益もしくは売却損として認識する。具体的には，売却価額＞帳簿価額であれば，その差額を**固定資産売却益勘定**（収益）に記帳し，売却価額＜帳簿価額であれば，その差額を**固定資産売却損勘定**（費用）に記帳する。なお，次ページの仕訳に示す有形固定資産の価額は，直接法の場合は帳簿価額，間接法の場合は取得原価で記帳する。

> **Column**
>
> 　簿記や会計では，適正な期間損益計算を行うために，当期の収益に，その獲得に貢献した費用を対応させるという考えがあります。これを費用収益対応の原則といいます。商品の期末棚卸高の繰越し，減価償却，引当金の設定の背後には，この考えがあります。会計学などで勉強してください。

［直接法により記帳している建物を売却し，売却益が出ている場合の仕訳］

（借）　現　　　　　金　XXX　　　（貸）　建　　　　物　XXX（帳簿価額）

固定資産売却益　XXX

［間接法により記帳している建物を売却し，売却益が出ている場合の仕訳］

（借）　現　　　　　金　XXX　　　（貸）　建　　　　物　XXX（取得原価）

減価償却累計額　XXX　　　　　　固定資産売却益　XXX

例　題　1

次の取引を仕訳しなさい。

8月10日　雲仙株式会社は，新しく土地¥50,000,000を取得し，登記料¥30,000と仲介手数料¥500,000と合わせて小切手を振り出して支払った。

8月15日　佐賀商会は，鳥栖不動産から事務所用の建物¥10,000,000を購入し，代金は未払いである。

8月22日　平戸商事は不要となった倉庫用の敷地¥8,000,000を¥6,500,000で売却した。代金は月末に受け取る予定である。

解　答

8月10日　（借）　土　　　　　地　50,530,000　　（貸）　当　座　預　金　50,530,000

8月15日　（借）　建　　　　　物　10,000,000　　（貸）　未　払　金　10,000,000

8月22日　（借）　未　収　入　金　6,500,000　　（貸）　土　　　　　地　8,000,000

固定資産売却損　1,500,000

Column

減価償却費の定率法は次のように計算されます。

減価償却費 ＝ 未償却残高 × 定率

「未償却残高」：取得原価－減価償却累計額

「定率」：$1 - \sqrt[n]{\dfrac{残存価額}{取得原価}}$ （nは耐用年数）

定率法の特徴としては，固定資産を取得した初期に多額の減価償却費を計上できる点があげられます。現時点で我が国の上場企業では定率法の採用が少なくありません。

例 題 2

取得原価が¥50,000,000，耐用年数は20年，残存価額は取得原価の10%の建物を，今年度期首に取得した。この建物の今年度末の減価償却費を計算し，その仕訳を直接法と間接法によって示しなさい。

解 答

（計算式）　1年間の減価償却費 $= \dfrac{50,000,000 - 50,000,000 \times 10\%}{20}$

$= ¥2,250,000$

（仕　訳）

【直接法】　（借）　減価償却費　2,250,000　　（貸）　建　　　　物　2,250,000

【間接法】　（借）　減価償却費　2,250,000　　（貸）　減価償却累計額　2,250,000

例 題 3

取得原価¥300,000，減価償却累計額¥120,000の事務用机を¥150,000で売却し，代金を現金で受け取った。その仕訳を直接法と間接法によって示しなさい。

解 答

【直接法】　（借）　現　　　金　150,000　　（貸）　備　　　品　180,000

固定資産売却損　30,000

【間接法】　（借）　現　　　金　150,000　　（貸）　備　　　品　300,000

減価償却累計額　120,000

固定資産売却損　30,000

◆練習問題◆

問題1

次の取引を仕訳しなさい。

6月20日　株式会社大村商店は，建物¥80,000,000を購入し，登記料¥50,000と仲介手数料¥1,000,000とともに小切手を振り出して支払った。

8月22日　熊本商会株式会社は，帳簿価額¥20,000,000の土地を¥12,000,000で佐賀自動車に売却し，代金は先方振出しの小切手で受け取った。

（仕　訳）

6月20日　（借）　　　　　　　　　　　　　　　（貸）

8月22日　（借）　　　　　　　　　　　　　　（貸）

問題2

西山商事は備品を減価償却するために以下の資料を用いた。

取得原価：¥800,000　　　残存価額：取得原価の10%　　　耐用年数10年

この資料に基づいて1年間の減価償却費を計算しなさい。また，減価償却費の仕訳を直接法と間接法によって行いなさい。

（式）

〈解答〉＿＿＿＿＿＿＿＿　円

（仕　　訳）

　　【直接法】　（借）　　　　　　　　　　　（貸）

　　【間接法】　（借）　　　　　　　　　　　（貸）

問題3

取得原価¥3,000,000，減価償却累計額¥810,000の営業用自動車を¥2,000,000で売却し，代金を小切手で受け取った。その仕訳を直接法と間接法によって示しなさい。

（仕　　訳）

　　【直接法】　（借）　　　　　　　　　　　（貸）

　　【間接法】　（借）　　　　　　　　　　　（貸）

第11章
資本金・繰越利益剰余金

1　株式会社の設立と増資

　第2章および第3章で説明した資本金勘定と繰越利益剰余金勘定は純資産に属する勘定である。本章では，会社の設立・増資時および配当時におけるこれらの勘定の基本的な記帳について説明する。

　株式会社を設立するにあたって，株主となる者から金銭等の払込みを受け，それと交換に株式を発行する。この時，会社法では，株主が出資した金銭等の全額を**資本金勘定**（純資産）の貸方に計上するのが原則である。ただし，株式発行の際に払い込まれた金銭等の額の2分の1を超えない額は，資本金勘定に計上せず，**資本準備金勘定**（純資産）の貸方に計上することも認められている。

　株主から土地や建物など現物による出資を受ける場合もある。この場合も，資本金勘定の貸方に記入する。

　［株主から出資が当座預金に振り込まれ，その一部を資本準備金にしたときの仕訳］

　　（借）当 座 預 金　XXX　　　（貸）資 本 金　XXX
　　　　　　　　　　　　　　　　　　　　資本準備金　XXX

　［営業用の土地の現物出資を受けたときの仕訳］

　　　　（借）土　　　地　XXX　　　（貸）資 本 金　XXX

　また，株式会社設立後，株式の発行による新たな資金の調達を**増資**と呼ぶ。増資に伴う金銭等の払込みを受けた場合も，設立時の払込みと同様に仕訳する。

2　繰越利益剰余金

　第3章で学習したように，決算では，損益勘定において当期の損益が計算される。このとき損益勘定の借方合計額が貸方合計額を下回れば（貸方残高であれば），純利益が生じたことを意味する。この場合，株式会社では，損益勘定残高を**繰越利益剰余金勘定**（純資産）の貸方へ振り替える。

　逆に，借方合計額（費用合計額）が貸方合計額（収益合計額）を上回れば（借方残高であれば），純損失が生じたことを意味する。この場合は，損益勘定残高を**繰越利益剰余金勘定**（純資産）の借方へ振り替える。

　［損益勘定から繰越利益剰余金勘定への純利益の振替仕訳］

　　　　（借）損　　　益　XXX　　　（貸）繰越利益剰余金　XXX

　［損益勘定から繰越利益剰余金勘定への純損失の振替仕訳］

　　　　（借）繰越利益剰余金　XXX　　　（貸）損　　　益　XXX

3　配　　当

　株式会社は，株主総会の決議に基づいて，純資産の一部を株主に配当することができる。しかし，有

限責任制の下にある株式会社では，会社財産は債権者に対する担保となるので，過度な配当は担保の流出となり，債権者にとって不利益となる。逆に，配当をしないことは株主にとって不利益である。そこで，会社法は，会社債権者と株主の利害調整のため，剰余金の分配に対する配当規制を定めている。

　その具体例の１つが，利益準備金の積立てである。会社法では，会社が繰越利益剰余金勘定から配当を行う場合，資本準備金と利益準備金の合計額が資本金の額の４分の１に達するまで，配当額の10分１を**利益準備金勘定**（純資産）に計上することが求められている。

　なお，株主総会で配当の決議が行われた時点では，株主に対して配当する義務が生じただけで，まだ配当をしているわけではない。そこで，この義務を表すために，**未払配当金勘定**（負債）に配当予定額が計上される。

［株主総会で繰越利益剰余金から配当を行う決議したときの仕訳］

　　（借）　繰越利益剰余金　XXX　　　（貸）　未払配当金　XXX

　　　　　　　　　　　　　　　　　　　　　　利益準備金　XXX

［普通預金から株主への配当をしたときの仕訳］

　　（借）　未払配当金　XXX　　　（貸）　普通預金　XXX

例 題 1

次の取引を仕訳しなさい。

⑴　長大商事株式会社を設立し，株式500株を１株あたり¥10,000で発行し，株主からの払込金が会社の当座預金口座に振り込まれた。その全額を資本金とした。

⑵　翌月，現金¥500,000，建物¥3,000,000および土地¥4,000,000を元入れして増資した。

解 答

⑴　（借）　当　座　預　金　5,000,000　　（貸）　資　本　金　5,000,000

⑵　（借）　現　　　　　金　　 500,000　　（貸）　資　本　金　7,500,000

　　　　　　建　　　　物　3,000,000

　　　　　　土　　　　地　4,000,000

例 題 2

次の取引を仕訳しなさい。

　３月31日　決算に際し，今期の純利益¥39,000を繰越利益剰余金勘定に振り替えた。

解 答

　　３月31日　（借）　損　　　益　39,000　　（貸）　繰越利益剰余金　39,000

例 題 3

次の取引を仕訳しなさい。

(1) 長大商事株式会社は，株主総会において¥500,000の配当を行うことを決議した。また決議にともなって，¥50,000を利益準備金として計上した。

(2) 株主総会の翌日，長大商事株式会社は株主に対して当座預金口座から上記配当を支払った。

解 答

(1)	(借)	繰越利益剰余金	550,000	(貸)	未払配当金	500,000
					利益準備金	50,000
(2)	(借)	未払配当金	500,000	(貸)	当 座 預 金	500,000

◆練習問題◆

問題1

次の取引を仕訳しなさい。

(1) 会社の設立にあたり，長大商事株式会社は，建物¥3,200,000，土地¥4,500,000の出資を受け，その全額を資本金とした。

(2) 長大商事株式会社は，事業拡大のため新たに株式300株を1株あたり¥1,000で発行し，株主からの払込金が当座預金に振り込まれた。

(3) 決算の結果，当期の純損失¥120,000を，損益勘定から繰越利益剰余金勘定に振り替えた。

(仕 訳)

(1) (借)   (貸)

(2) (借)   (貸)

(3) (借)   (貸)

問題2

次の久留米株式会社の取引について，(1)仕訳をし，(2)諸勘定に転記しなさい。なお，資本金勘定の期首残高は¥3,000,000であった。同社の会計期間は20X1年1月1日から12月31日までの1年とする。

2月1日 会社が，事業拡大のため，新たに株式140株を1株あたり¥10,000で発行し，株主から土地¥1,000,000および現金¥400,000を受け入れた。現金は当座預金に振り込まれた。

12月31日 決算にあたり，諸収益¥970,000，諸費用¥820,000を損益勘定に振り替えた。

12月31日 損益勘定で計算された当期純利益を繰越利益剰余金勘定に振り替えた。

（仕　　訳）

　　2月1日　（借）　　　　　　　　　　　　　（貸）

　　10月1日　（借）　　　　　　　　　　　　（貸）

　　12月31日　（借）　　　　　　　　　　　（貸）

　　12月31日　（借）　　　　　　　　　　　（貸）

資　本　金		繰越利益剰余金	
	1/1　前期繰越 3,000,000		

損　　益	

問題3

次の取引について仕訳しなさい。

⑴　大村株式会社は，株主総会において￥1,000,000の配当を行う決議を行った。また，配当決議に
　　ともなって，￥100,000を利益準備金として計上した。

⑵　大村株式会社は，株主に対して当座預金から上記配当を支払った。

（仕　　訳）

⑴　（借）　　　　　　　　　　　　　（貸）

⑵　（借）　　　　　　　　　　　　　（貸）

第12章

税　金

1　税金の種類

　税金には，国税と地方税がある。国税とは国が課す税金であり，所得税・法人税・消費税・印紙税などがある。地方税とは都道府県・市町村などの地方公共団体が課す税金で，住民税・事業税・固定資産税・地方消費税などがある。

　本章では，株式会社に対して課せられる税金の処理方法について学習する。ここで重要なことは，所得に対して課せられる税金と費用として計上される税金があり，適切に両者の区別ができるようになることである。なぜならば，それぞれの区別に応じて税金の会計処理方法が異なるからである。

2　法人税，住民税および事業税

　株式会社（法人）に課せられる代表的な税金は，法人税，住民税，事業税である。これらは会社の当該事業年度の所得金額（税引前当期純利益）に課せられる税金であり，一般的には法人税等または法人三税と呼ばれ，**法人税，住民税及び事業税勘定**（費用）で処理する。法人税等の確定申告と納税の期限は原則，「事業年度終了日の翌日から2月以内」であり，この期限を過ぎると延滞税や加算税が発生する。例えば，会計年度が4月1日から3月31日までの場合，申告期限と納付期限は5月31日である。このため，決算において**未払法人税等勘定**（負債）として処理する。

　法人税は，法人の企業活動により得られる所得にかかる国の税金である。また，前事業年度の確定法人税額が一定額を超える場合，法人税の中間申告を行い，納付する必要がある。中間納付額は**仮払法人税等勘定**（資産）として処理する。

　住民税は，法人税で計算した所得金額に連動して税額が決まり，「法人税割」と「均等割」によって構成される。地域社会の費用を法人が負担するという性格の税金であり，法人税の金額に応じて決められる「法人税割」と，所得金額にかかわらず定額で課税される「均等割」を合算して納付する。

　事業税は，都道府県が法人の行う事業から得られた所得金額を課税の基準にして課す税金である。事業税は，法人が事業活動を行うにあたって利用している道路や港湾，消防，警察などのさまざまな公共サービスや公共施設について，その経費の一部を負担すべきとの考えに基づくものである。

法人税，住民税及び事業税の税額＝税引前当期純利益×税率

　納税には，納付書に現金を添えて納付する方法や，電子納税などさまざまな納付手続の方法がある。
［決算において，法人税・住民税・事業税を計上した仕訳］
　　（借）法人税，住民税及び事業税　　XXX　　　（貸）　未払法人税等　XXX

3　固定資産税・自動車税・印紙税

　固定資産税・自動車税や印紙税は費用として計上される税金である。納付したときには「租税公課」（費用）勘定として処理する。

　固定資産税は，毎年1月1日現在で，法人が保有している土地および建物などの固定資産に対して市町村により課せられる税金で，市町村から送付される納税通知書によって一括または4回の分納（4月，7月，12月，2月）のいずれかを選択できる。**租税公課勘定**（費用）または**固定資産税勘定**（費用）で処理する。

　自動車税は，地方税法に基づいて登録された自動車に対し，毎年4月1日の時点でその自動車の主たる定置場の所在する都道府県において，その所有者に賦課される税金である。租税公課勘定または**自動車税勘定**（費用）で処理する。

　印紙税は，手形を振り出したり，領収書や契約書を作成する時に課せられる税金であり，収入印紙を使用した際に納付したことになる。印紙税は収入印紙購入時に，租税公課勘定または**印紙税勘定**（費用）で処理する。

　［固定資産税を小切手を振り出して納付したときの仕訳］

　　（借）租税公課　XXX　　　（貸）当座預金　XXX

4　消費税

　消費税は，財貨（物品）や用役（サービス）が消費されたときに課される税金である。消費税は最終的には消費者が負担する間接税であるが，事業者が物品やサービスの取引段階において消費者から受け取り，消費者に代わって納付する。

　消費税の処理方法には，**税込処理法**と**税抜処理法**がある。消費税は，税込処理法の場合は費用として処理するのに対して，税抜処理法の場合は第8章で説明した仮払金・仮受金に準じた処理をする。

(1)　税込処理法

　税込処理法は，消費税込みの課税売上高，課税仕入高で処理を行う方法である。納付すべき消費税額は，租税公課勘定または**消費税勘定**（費用）で処理する。

　［税込処理法による，仕入および売上時の仕訳］

　　仕入時：（借）仕　　　入　XXX　　　（貸）買　掛　金　XXX
　　売上時：（借）売　掛　金　XXX　　　（貸）売　　　上　XXX
　　　（注）これらの仕訳における金額は，税込み額である。

　［税込処理法による，消費税額を確定したときの仕訳（なお，まだ納付はしていない）］

　　（借）租税公課　XXX　　　（貸）未払消費税　XXX

　未払消費税勘定（負債）は，納税義務があることを示すものであるから負債である。

(2)　税抜処理法

　税抜処理法は，本体価格と消費税を区分して，商品を売買したときの売上高や仕入高に消費税を含め

ないで処理する方法である。課税売上高に対する消費税額は，**仮受消費税勘定**（負債）で処理する。仮受消費税勘定は，金額が確定していないので，仮受金に似た性格であるから負債である。課税仕入高に対する消費税額については，**仮払消費税勘定**（資産）で処理する。仮払消費税勘定は，金額が確定していないので，仮払金と似た性格であるから資産である。そして，期末において仮受消費税額から仮払消費税勘定額を控除した残額が，**納付すべき消費税額**となる。

［税抜処理法による，仕入および売上時の仕訳］

仕入時：（借）仕　　　入　XXX　　　（貸）買　掛　金　XXX
　　　　　　　仮払消費税　XXX

売上時：（借）売　掛　金　XXX　　　（貸）売　　　上　XXX
　　　　　　　　　　　　　　　　　　　　仮受消費税　XXX

［税抜処理法による，消費税額を確定したときの仕訳（なお，まだ納付はしていない）］

（借）仮受消費税　XXX　　　（貸）仮払消費税　XXX
　　　　　　　　　　　　　　　　未払消費税　XXX

（注）　貸方の未払消費税勘定の金額が，納付すべき消費税額である。

例 題 1

唐津株式会社の次の取引を仕訳しなさい。

11月1日　収入印紙￥40,000分を現金で購入した。

12月7日　土地と建物に対する固定資産税の納税通知書￥140,000を受け取り，全額を現金で納付した。

3月31日　決算日において，計算された税引前当期純利益である￥300,000に対する法人税，住民税及び事業税（税率30％）の税額￥90,000を計上した。

5月1日　法人税等の確定申告を行い，3月末の決算で計上された未払法人税等の￥90,000を現金で納付した。

解 答

11月1日	（借）租 税 公 課	40,000	（貸）現　　　金	40,000
12月7日	（借）租 税 公 課	140,000	（貸）現　　　金	140,000
3月31日	（借）法人税，住民税及び事業税	90,000	（貸）未払法人税等	90,000
5月1日	（借）未払法人税等	90,000	（貸）現　　　金	90,000

例 題 2

諫早株式会社の次の取引を，税込処理法と税抜処理法それぞれの処理法で仕訳しなさい。なお，消費税率は10％とする。

5月12日　商品を￥220,000（税込み）で仕入れ，代金は掛けとした。

5月17日　商品￥440,000（税込み）を売り上げ，代金は掛けとした。

9月30日　決算にあたって消費税に関する決算整理を行った結果，翌期に納付すべき消費税額は￥20,000と計算された。

解　答

《税込処理法での仕訳》

5月12日　（借）　仕　　　入　220,000　　（貸）　買　掛　金　220,000

5月17日　（借）　売　掛　金　440,000　　（貸）　売　　　上　440,000

9月30日　（借）　租 税 公 課　20,000　　（貸）　未払消費税　20,000

《税抜処理法での仕訳》

5月12日　（借）　仕　　　入　200,000　　（貸）　買　掛　金　220,000

　　　　　　　　仮払消費税　20,000

（注）　本体価格＝￥220,000÷1.10＝￥200,000　仮払消費税額￥20,000

5月17日　（借）　売　掛　金　440,000　　（貸）　売　　　上　400,000

　　　　　　　　　　　　　　　　　　　　　　　仮受消費税　40,000

（注）　本体価格＝￥440,000÷1.10＝￥400,000　仮受消費税額￥40,000

9月30日　（借）　仮受消費税　40,000　　（貸）　仮払消費税　20,000

　　　　　　　　　　　　　　　　　　　　　　　未払消費税　20,000

（注）　未払消費税額＝仮受消費税額￥40,000－仮払消費税額￥20,000＝￥20,000

◆練習問題◆

問題1

　株式会社諫早商事における次の一連の取引を仕訳しなさい。なお，同社の会計期間は20X1年4月1日から20X2年3月31日までの1年とする。

　11月1日　収入印紙¥20,000分を現金で購入した。

　3月31日　決算において，計算された税引前当期純利益は¥2,400,000であり，法人税，住民税及び事業税を計上した。その税率は30%とする。

　5月1日　法人税等の確定申告を行い，3月末の決算で計上された未払法人税等を現金で納付した。

（仕　訳）

　　11月1日　（借）　　　　　　　　　　　（貸）

　　3月31日　（借）　　　　　　　　　　　（貸）

　　5月1日　（借）　　　　　　　　　　　（貸）

問題2

　次の連続した取引を仕訳しなさい（ただし，税抜処理法による）。なお，消費税率は10%とする。

　3月5日　郡山株式会社は商品¥330,000（税込み）を仕入れ，代金は掛けとした。

　3月18日　同社は商品¥660,000（税込み）を売り上げ，代金は掛けとした。

　3月31日　同社は決算において，仮払消費税が¥1,260,000，仮受消費税が¥1,470,000であった。

（仕　訳）

　　3月5日　（借）　　　　　　　　　　　（貸）

　　3月18日　（借）　　　　　　　　　　　（貸）

　　3月31日　（借）　　　　　　　　　　　（貸）

第13章
収益・費用

1 収益と費用

　損益計算書の構成要素は，収益および費用である。したがって，株式会社の経営成績を正確に把握するためには，収益と費用を把握することが重要である。費用および収益は，その発生源泉に従って明瞭に分類し，各収益項目とそれに関連する費用項目とを損益計算書に対応表示しなければならない。収益と費用に属する主な勘定科目を分類すると，おおよそ次のようになる。

	収益勘定科目	費用勘定科目
商品売買活動に関連するもの	売上	仕入，売上原価，発送費，棚卸減耗費，商品評価損
販売管理活動に関連するもの	受取家賃，受取地代，受取手数料	通信費，消耗品費，水道光熱費，給料，支払家賃，支払地代，，支払手数料，法定福利費，広告宣伝費，旅費交通費，減価償却費，修繕費，保険料
債権・債務に関連するもの	貸倒引当金戻入，償却債権取立益，受取利息	貸倒引当金繰入，貸倒損失，支払利息
その他の収益・費用	固定資産売却益，雑益	固定資産売却損，雑損

2 経過勘定

(1) 収益および費用の繰延べ・見越し

　1年間の経営成債を明らかにするためには，1年間の費用と収益を対応させる必要がある。ところが，収益および費用の勘定の中には，その残高がその期間に発生した収益・費用の額を示していない場合がある。たとえば，家賃・保険料・地代・利息など，契約により一定期間の総額をまとめて受払いする収益・費用がそれらに該当する。そこで，このような収益および費用の勘定がある場合には，決算整理仕訳を通じて修正する必要がある。

　これらの収益および費用の勘定の期末残高の中に，次期の収益および費用となるべき金額が含まれている場合には，これを切り離して次期に繰り延べて，当期の収益・費用から控除しなければならない。このような収益および費用の勘定の修正を収益および費用の**繰延べ**という。

　これに対して，まだ収益および費用の勘定に記入されていないが，すでに当期の収益および費用としての発生が認められるものに関しては，その金額を収益および費用の勘定に追加計上する必要がある。これを収益および費用の**見越し**という。

　会計では，収益に対して，その収益を得ることに貢献した額を費用として対応させる考えがある。こ

れを**費用収益対応の原則**という。収益や費用の見越し・繰延べは，この原則の適用例である。

　収益および費用の見越し・繰延べでは**経過勘定**が利用される。経過勘定には，次の4つがある。

収益および費用の繰延べ
- ①収益の繰延べ…前受収益（負債）：前受家賃，前受保険料，前受利息など
- ②費用の繰延べ…前払費用（資産）：前払家賃，前払保険料，前払利息など

収益および費用の見越し
- ③収益の見越し…未収収益（資産）：未収家賃，未収保険料，未収利息など
- ④費用の見越し…未払費用（負債）：未払家賃，未払保険料，未払利息など

　これらの前受収益，前払費用，未収収益，未払費用に属する繰延べ・見越しの項目を経過勘定項目という。経過勘定項目は，決算整理仕訳によって貸借対照表に資産または負債として計上され，次期に繰り越されるが，次期の期首において，**再振替仕訳**（決算整理仕訳とは借方と貸方の勘定科目を逆にした仕訳）によって，もとの収益あるいは費用の勘定に振り戻される。経過勘定項目について，以下で具体的に説明する。

(2) 経過勘定項目の会計処理

① 収益の繰延べ（前受収益）の会計処理

　受取家賃・受取地代・受取利息などの収益として受け取った金額のうち，次期に帰属する金額が含まれていることがある。このとき，次期に帰属する金額をこれらの収益勘定の金額から差し引き，次期に繰り延べる必要がある。これを収益の繰延べといい，この次期に繰り延べられる金額を**前受収益**という。

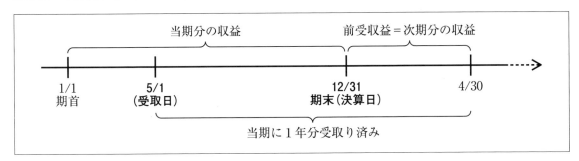

［期中に1年分の地代が当座預金に振り込まれた時の仕訳］

　　5/1　　（借）当 座 預 金 XXX　　（貸）受 取 地 代 XXX

［決算日に次年度の地代を繰り延べる時の決算整理仕訳］

　　12/31　（借）受 取 地 代 XXX　　（貸）前 受 地 代 XXX

② 費用の繰延べ（前払費用）の会計処理

　支払家賃・支払地代・（支払）保険料・支払利息などの費用として支払った金額のうち，次期に帰属する金額が含まれていることがある。このとき，次期に帰属する金額をこれらの費用勘定の金額から差し引き，次期に繰り延べる必要がある。これを費用の繰延べといい，この次期に繰り延べられる金額を**前払費用**という。

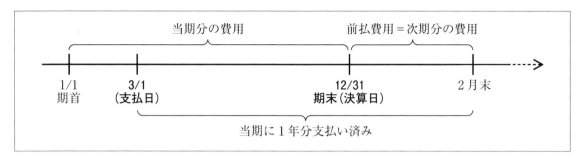

［期中に１年分の家賃を小切手で支払った時の仕訳］

3/1 （借）支 払 家 賃 XXX （貸）当 座 預 金 XXX

［決算日に次年度分の家賃を繰り延べる時の決算整理仕訳］

12/31 （借）前 払 家 賃 XXX （貸）支 払 家 賃 XXX

③ 収益の見越し（未収収益）の会計処理

サービスなどの提供はすでに行っているが，まだ代価を受け取っていない収益があるときには，決算に際して，その金額を資産として計上するとともに，受取家賃・受取地代・受取利息などの収益勘定に追加計上しなければならない。これを収益の見越しという。未収の金額は，後日受け取る権利を表すので，**未収収益**勘定（資産）で処理する。

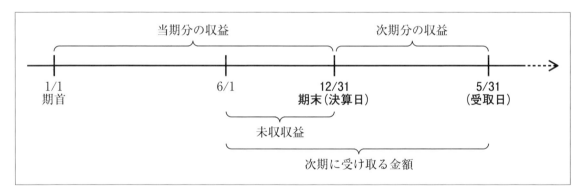

［決算日に手数料の未収がある時の決算整理仕訳］

12/31 （借）未 収 手 数 料 XXX （貸）受 取 手 数 料 XXX

④ 費用の見越し（未払費用）の会計処理

サービスを受けたにもかかわらず，まだ代価を支払っていない費用があるときには，決算に際して，その金額を負債として計上するとともに，支払家賃・支払地代・支払利息などの費用勘定に追加計上しなければならない。これを費用の見越しという。未払い分は後日支払わなければならない義務を表すので，**未払費用**勘定（負債）で処理する。

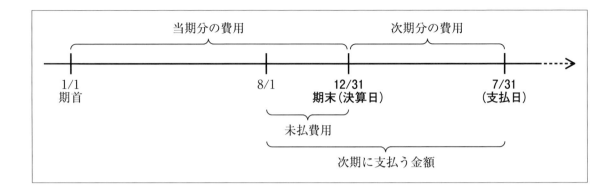

［決算日に利息の未払いがあるときの決算整理仕訳］

　12/31　　（借）　支払利息　XXX　　　　（貸）　未払利息　XXX

3　消耗品と貯蔵品

⑴　消　耗　品

　消耗品とは，鉛筆，用紙，インクカートリッジなどの事務用品，封筒，包装用品などのことで，比較的少額で，短期的に消費されるものをいう。

　この消耗品の会計処理については，次の2つの方法（費用法と資産法）がある。

　【費用法】　消耗品を購入したとき，費用として処理する方法

　　この方法は，消耗品を購入したときに，**消耗品費勘定**（費用）の借方に記入し，決算整理において，未消費分を消耗品費勘定から**消耗品勘定**（資産）の借方に振り替える方法である。

Column

　収益や費用の見越し・繰延べは簿記の中でも難しいところです。第6章の売上原価，第10章の減価償却，本章での消耗品とも関連しますが，ここでも現金の収入 ≠ 収益，現金の支出 ≠ 費用の関係を思い出してください。この背後には発生主義という考えがあります。見越し・繰延べは，だいたい次のように考えるとよいのではないでしょうか。

当期の収入のうち，次年度の収益になる部分が含まれるとき　➡　前受収益（負債）（前もって受け取っている）

当期の支出のうち，次年度の費用になる部分が含まれるとき　➡　前払費用（資産）（前もって支払っている）

┐決算時には収益・費用の勘定を減少させる

収入は次年度だけど，本来当期の収益とすべき金額があるとき　➡　未収収益（資産）（未だ受け取っていない）

支出は次年度だけど，本来当期の費用とすべき金額があるとき　➡　未払費用（負債）（未だ支払っていない）

┐決算時には収益・費用の勘定を増加させる

［期中に文房具を消耗品費勘定に計上する時の仕訳］

　　（借）消耗品費　XXX　　　（貸）現　　金　XXX

［決算時に，未使用の文房具を消耗品勘定に振り替える時の決算整理仕訳］

　　（借）消　耗　品　XXX　　　（貸）消耗品費　XXX

【資産法】　消耗品を購入したとき，資産として処理する方法

　この方法は，消耗品を購入したときに，消耗品勘定（資産）の借方に記入し，決算整理において，当期に消費した分を費用として消耗品費勘定（費用）の借方に振り替える方法である。

［期中に文房具を消耗品勘定に計上した時の仕訳］

　　（借）消　耗　品　XXX　　　（貸）現　　金　XXX

［決算時に当期に消費した文房具を費用勘定に振り替える時の決算整理仕訳］

　　（借）消耗品費　XXX　　　（貸）消　耗　品　XXX

(2)　貯　蔵　品

　貯蔵品とは，販売などの業務の実施において必要な商品以外の物品のうち未使用分のことである。たとえば，郵便切手，収入印紙，包装材料などがこれに該当する。これらを購入したときはいったん関連する費用勘定に計上し，期末にこれらの未使用分を**貯蔵品勘定**（資産）に振り替えるという決算整理手続が必要となる。

［期中に収入印紙を購入して費用計上した時の仕訳］

　　（借）租税公課　XXX　　　（貸）現　　金　XXX

［決算時に未使用の収入印紙を貯蔵品勘定に振り替える時の決算整理仕訳］

　　（借）貯　蔵　品　XXX　　　（貸）租税公課　XXX

例題 1

次の一連の取引の仕訳を示しなさい。

X1年5月1日　建物の賃貸契約を結び，本日より1年分の家賃¥120,000を小切手にて受け取り，ただちに当座預金とした。

X1年12月31日　決算に際し，受取家賃の前受分（4カ月分）を次期に繰り延べた（決算整理仕訳）。

X2年1月1日　前受家賃勘定の繰越額を受取家賃勘定に振り戻す（再振替仕訳）。

　　※前受家賃は，次期には収益となるものであるから，再振替仕訳によって，期首にもとの受取家賃勘定に振り戻しておく必要がある。

Column

　法人税法においては，使用可能期間が1年未満または取得価額が10万円未満のものについては，取得時に全額を費用として扱うことができるとされています。

解　答

X1年5月1日	（借）	当 座 預 金	120,000	（貸）	受 取 家 賃	120,000
X1年12月31日	（借）	受 取 家 賃	40,000	（貸）	前 受 家 賃	40,000
X2年1月1日	（借）	前 受 家 賃	40,000	（貸）	受 取 家 賃	40,000

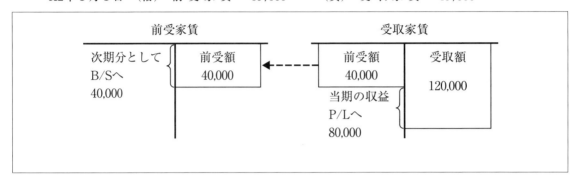

例 題 2

次の一連の取引の仕訳を示しなさい。

X1年3月1日　倉庫に火災保険を掛け，1年分の保険料¥1,200を小切手を振り出して支払った。

X1年12月31日　決算に際し，保険料のうち前払分¥200を次期に繰り延べた（決算整理仕訳）。

X2年1月1日　前払保険料を保険料勘定に振り戻す（再振替仕訳）。

　　※前払保険料は，次期には費用となるものであるから，再振替仕訳によって，期首にもとの保険料勘定に振り戻す必要がある。

解　答

X1年3月1日	（借）	保 険 料	1,200	（貸）	当 座 預 金	1,200
X1年12月31日	（借）	前払保険料	200	（貸）	保 険 料	200
X2年1月1日	（借）	保 険 料	200	（貸）	前払保険料	200

　　※保険料勘定は，支払保険料勘定でもよい。

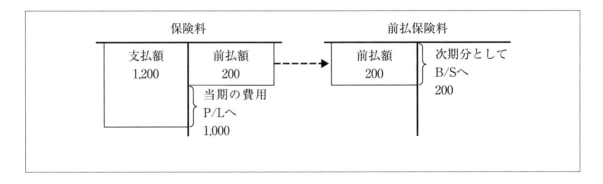

例 題 3

以下の一連の取引の仕訳を示しなさい。

X1年12月31日　決算に際し，当期分の未収地代7カ月分¥7,000あるので，追加計上した（決算整理
　　　　　　　仕訳）。

X2年1月1日　未収地代を受取地代勘定に振り戻す（再振替仕訳）。

　　※未収地代は，期首に再振替えを行って，本来の受取地代勘定に振り戻しておく必要がある。

解 答

　　X1年12月31日　（借）未 収 地 代　7,000　　　（貸）受 取 地 代　7,000
　　X2年1月1日　（借）受 取 地 代　7,000　　　（貸）未 収 地 代　7,000

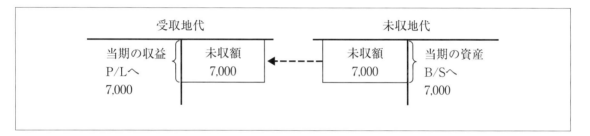

例 題 4

次の一連の取引の仕訳を示しなさい。

X1年8月1日　銀行から1年契約で営業資金¥120,000を年利率10%にて借り入れ，当座預金とした。
　　　　　　　なお，利息の支払いは返済時とした。

X1年12月31日　本日決算に際して，当期分の未払利息¥5,000（5カ月分）を計上した（決算整理仕訳）。

X2年1月1日　未払利息¥5,000を支払利息勘定に振り戻す（再振替仕訳）。

　　※未払利息は，期首に再振替えを行って，本来の支払利息勘定に振り戻しておく必要がある。

解 答

　　X1年8月1日　（借）当 座 預 金　120,000　　　（貸）借 入 金　120,000
　　X1年12月31日　（借）支 払 利 息　　5,000　　　（貸）未 払 利 息　　5,000
　　X2年1月1日　（借）未 払 利 息　　5,000　　　（貸）支 払 利 息　　5,000

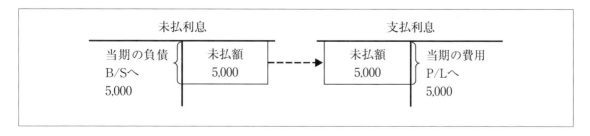

例 題 5

以下の一連の取引について，当期の仕訳と，翌期期首の仕訳（費用法および資産法のそれぞれに基づく再振替仕訳）を示しなさい。

X1年5月1日　当年度分の事務用消耗品￥10,000を現金でまとめて購入した。

X1年12月31日　決算にあたり，事務用品の未使用高￥3,000を次期に繰り越した。

解　答

（費用法による会計処理）

X1年5／1　購　入　時	（借）消耗品費	10,000	（貸）現　　金	10,000
12／31　決　算　時	（借）消　耗　品	3,000	（貸）消耗品費	3,000
X2年1／1　再振替仕訳	（借）消耗品費	3,000	（貸）消　耗　品	3,000

（資産法による会計処理）

X1年5／1　購　入　時	（借）消　耗　品	10,000	（貸）現　　金	10,000
12／31　決　算　時	（借）消耗品費	7,000	（貸）消　耗　品	7,000
X2年1／1　再振替仕訳なし				

※以上の消耗品における2つの会計処理方法による計算した結果，どちらの方法でも当期の消耗品費の金額は￥7,000，消耗品の金額は￥3,000で，同額となる。

例 題 6

以下の一連の取引を仕訳しなさい。

1．郵便切手￥1,000と収入印紙￥8,000を現金でまとめて購入した。

2．決算にあたり，未使用分の郵便切手￥300と収入印紙￥2,000があった。

3．翌期首になったので，2の取引の再振替仕訳をした。

解　答

1．購　入　時　（借）通　信　費　1,000　（貸）現　　金　9,000
　　　　　　　　　　　租　税　公　課　8,000

2．決　算　時　（借）貯　蔵　品　2,300　（貸）通　信　費　　300
　　　　　　　　　　　　　　　　　　　　　　　　租　税　公　課　2,000

3．再振替仕訳　（借）通　信　費　　300　（貸）貯　蔵　品　2,300
　　　　　　　　　　　租　税　公　課　2,000

◆練習問題◆

問題 1

　以下の一連の取引について，片淵株式会社と福岡株式会社における仕訳を示しなさい。ただし，両者の会計期間は X1年 4 月 1 日から X2年 3 月31日までの 1 年とする。

　　X1年 7 月 1 日　　片淵株式会社は，福岡株式会社から¥2,000,000を現金で借り入れた。利息は，年率 6 ％で半年ごと（12月31日と 6 月30日の年 2 回）の支払とする。

　　X1年12月31日　　片淵株式会社は，福岡株式会社に半年分の利息を現金で支払った。

　　X2年 3 月31日　　片淵株式会社と福岡株式会社はともに決算を行った。

　　X2年 4 月 1 日　　再振替仕訳をする。

　　X2年 6 月30日　　片淵株式会社は，福岡株式会社に半年分の利息を現金で支払った。

◎片淵株式会社の仕訳

　　X1年 7 月 1 日　（借）　　　　　　　　　　　（貸）

　　X1年12月31日　（借）　　　　　　　　　　　（貸）

　　X2年 3 月31日　（借）　　　　　　　　　　　（貸）

　　X2年 4 月 1 日　（借）　　　　　　　　　　　（貸）

　　X2年 6 月30日　（借）　　　　　　　　　　　（貸）

◎福岡株式会社の仕訳

　　X1年 7 月 1 日　（借）　　　　　　　　　　　（貸）

　　X1年12月31日　（借）　　　　　　　　　　　（貸）

　　X2年 3 月31日　（借）　　　　　　　　　　　（貸）

　　X2年 4 月 1 日　（借）　　　　　　　　　　　（貸）

　　X2年 6 月30日　（借）　　　　　　　　　　　（貸）

問題2

　以下の一連の取引について，①購入時に費用として処理する方法，②購入時に資産として処理する方法，それぞれの仕訳を示しなさい。ただし，会計期間は X1年1月1日から X1年12月31日までの1年とする。

　　X1年2月10日　　事務用品￥1,500を購入し，代金は現金で支払った。

　　X1年12月31日　　決算日において，未使用分が￥500あった。

　　X2年1月1日　　上記の消耗品の未消費分について，必要な処理を行った。

　①　費用法による会計処理

　　X1年2月10日　（借）　　　　　　　　　　　　　（貸）

　　X1年12月31日　（借）　　　　　　　　　　　　　（貸）

　　X2年1月1日　（借）　　　　　　　　　　　　　（貸）

　②　資産法による会計処理

　　X1年2月10日　（借）　　　　　　　　　　　　　（貸）

　　X1年12月31日　（借）　　　　　　　　　　　　　（貸）

　　X2年1月1日　（借）　　　　　　　　　　　　　（貸）

問題3

　以下の一連の取引について仕訳を示しなさい。

　1．郵便切手￥3,000と収入印紙￥12,000を現金で購入した。

　2．決算において，未使用の郵便切手￥500と収入印紙￥3,000があった。

　3．翌期首になったので，再振替仕訳をした。

第14章

決　算

1 決算手続

　今日の会計は，継続企業（ゴーイング・コンサーン）を前提として行われている。したがって，会社の経営成績や財政状態を把握するには，その解散時まで待つことなく，人為的に一定時点や期間を設定する必要がある。そして期末（決算日）には，仕訳帳や総勘定元帳などの記録を整理・修正し，帳簿を締め切るとともに，損益計算書と貸借対照表によって表示する。この一連の手続を**決算**と呼ぶ。

　第3章では決算の流れを簡単に説明した。損益計算書と貸借対照表の作成にいたるまでに一連の手続を一定の順序で行わなければならない。これを**決算手続**という。すなわち，会社の1会計期間における経営成績と，一定時点（決算日）における財政状態を明らかにすることを目的として行われる期間損益計算をする一連の手続のことである。

　決算手続は，大きく分けて，①帳簿記録の正確性を検証し修正をする決算予備手続，②修正された帳簿記録に基づく期間損益計算を帳簿上で行う決算本手続，および③決算報告を行うための財務諸表の作成の3つの手続から構成されている。具体的には，次の図に示すとおりである。

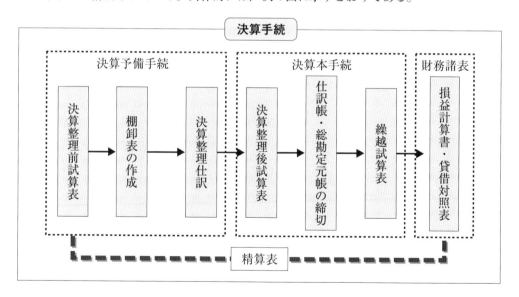

2 決算予備手続

⑴ 決算整理前試算表

　試算表は，総勘定元帳の各勘定の借方合計額と貸方合計額および残高を集計し，期中仕訳の転記の正確性を検証するために作成した一覧表のことである。このうち，第3章で説明した試算表は，決算整理（⑵で説明）の前に作成されるので，**決算整理前試算表**と呼ぶこともある。

試算表には，合計試算表，残高試算表，合計残高試算表の3種類があるが，いずれも借方と貸方の合計額は一致する（貸借平均の原理）。

(2) 決算整理事項と棚卸表の作成

決算は総勘定元帳の各勘定残高に基づいて行われる。しかし，決算日における各勘定の残高のなかには，決算日における資産・負債・純資産の実際有高やその期間に属する収益・費用の実際の発生額を正確に示していない場合がある。そこで，決算日における各勘定残高を実際有高に一致させ正しい期間損益を算定するために，各勘定残高を整理・修正することが必要である。この一連の手続を**決算整理**という。決算整理を必要とする事項を**決算整理事項**（期末整理事項，期末修正事項ともいう）という。また，この決算整理事項によって該当する各勘定を整理し，その数値を修正するために行う仕訳を**決算整理仕訳**という。

決算整理に際し，決算整理事項を一覧表にまとめたものを**棚卸表**という。棚卸表に示される主な決算整理事項は次のとおりである。

① 現金過不足の処理（現金の帳簿残高を実際有高に修正）……（第4章）
② 商品の棚卸し（売上原価の計算，棚卸減耗費・商品評価損の計上）……（第6章）
③ 貸倒れの見積りとその処理（貸倒引当金の設定）……（第9章）
④ 有形固定資産の減価償却（定額法）……（第10章）
⑤ 費用収益の繰延べ・見越し（前払費用・前受収益・未払費用・未収収益の経過勘定の設定）……（第13章）
⑥ 消耗品と貯蔵品の処理……（第13章）

これらの勘定について，実際の有高や費消高の調査を行い，その結果を次のような棚卸表として作成する。

棚 卸 表
20XX年3月31日　　　　　（単位：円）

勘定科目	内　訳	金　額
繰越商品	A商品××個　@¥XX	XXX
売掛金	貸倒引当金　X%	XX
備品	取得原価　XXX 減価償却累計額　XX	XXX
貯蔵品	未消費分	XXX

3 精算表

精算表は，決算全体の流れの概略を見るために作成するものである。決算整理前残高試算表や決算整理仕訳から，損益計算書，貸借対照表が作成されるまでの過程を一覧表にまとめて決算のあらましを明らかにするものである。

決算は，試算表の作成から始まって財務諸表の作成に至るまでの一連の作業から成り立っている。しかし，決算手続は複雑なので，いきなり帳簿の上で決算を行うと，計算・記録の誤りや手続のミスを犯

すおそれがある。そこで，一連の決算手続のリハーサルとして作成される運用表が精算表である。

　精算表を作成することによって，財務諸表を正確かつ容易に作成することができる。精算表の形式には**6桁精算表**，**8桁精算表**，**10桁精算表**などがある。このうち，6桁精算表は，残高試算表，損益計算書および貸借対照表の3つの欄がそれぞれ借方金額欄と貸方金額欄をもつ，合計6つの欄から成る基本的な精算表である。この6桁精算表に決算整理を行うための修正記入欄（または整理記入欄）を設けた精算表が8桁精算表である。さらに，8桁精算表に修正後試算表欄（決算整理後残高試算表欄）を加えたものが10桁精算表である。

　本章では，8桁精算表の作成手順を中心に説明する。その流れは以下のとおりである。

① 残高試算表欄に決算整理前残高試算表の各勘定の金額を記入し，借方と貸方の合計金額が一致しているかどうかを確認して締め切る。

② 修正記入欄（または整理記入欄）に決算整理仕訳を記入する。勘定科目の追加が必要なときは，その科目を勘定科目欄に追加して，金額を記入する。その後，修正記入欄（または整理記入欄）の借方と貸方の合計金額が一致しているかどうかを確認して締め切る。

③ 残高試算表欄の収益および費用のそれぞれの勘定の金額に，修正記入欄（または整理記入欄）の金額を加減して，損益計算書欄に移記する。修正記入がない科目については，残高試算表欄の金額をそのまま損益計算書欄に移記する。

④ 残高試算表欄の資産・負債・純資産のそれぞれの勘定の金額に，修正記入欄（または整理記入欄）の金額を加減して，貸借対照表欄に移記する。修正記入がない科目については，残高試算表欄の金額をそのまま貸借対照表欄に移記する。

⑤ 損益計算書と貸借対照表の貸借差額を，当期純利益（または当期純損失）として合計金額の少ない欄にそれぞれ記入する。

　以上の手続により，損益計算書における当期純利益（借方）または当期純損失（貸方）の金額は，貸借対照表における当期純利益（貸方）または当期純損失（借方）の金額と一致していなければならない。

⑥ 損益計算書欄および貸借対照表欄のそれぞれにおける借方合計額と貸方合計額が一致することを確認して締め切る。

　精算表の概要を示すと次のようになる。

精　算　表
XX 年 X 月 X 日　　　　　　　　　（単位：円）

勘定科目	残高試算表		修正記入		損益計算書		貸借対照表	
	借　方	貸　方	借　方	貸　方	借　方	貸　方	借　方	貸　方
B/S 資産勘定	①		②				①＋②	
〃	③			④			③－④	
負債勘定		①		②				①＋②
〃		③	④					③－④
純資産勘定		⑤						⑤
P/L 収益勘定		⑥		⑦		⑥＋⑦		
〃		⑧				⑧		
費用勘定	⑨		⑩		⑨＋⑩			
〃	⑪		⑫	⑬	⑪＋⑫－⑬			
当期純利益					利益額	←一致→		利益額

損益計算書欄と貸借対照表欄に移記される金額は，次のようにして求められる。

- 残高試算表欄の借方と修正記入欄の借方は「加算」され，損益計算書欄または貸借対照表欄に記入
- 残高試算表欄の借方と修正記入欄の貸方は「減算」され，損益計算書欄または貸借対照表欄に記入
- 残高試算表欄の貸方と修正記入欄の貸方は「加算」され，損益計算書欄または貸借対照表欄に記入
- 残高試算表欄の貸方と修正記入欄の借方は「減算」され，損益計算書欄または貸借対照表欄に記入

4　決算本手続

　決算整理手続が終わったあと，決算本手続に入る。ここで，決算整理仕訳を転記したあとの各勘定残高を集計し，決算整理仕訳の転記の正確性を検証するために**決算整理後試算表**を作成することもある。決算本手続の流れは次のとおりである。

決算振替手続（損益振替手続・資本振替手続）　⇒　帳簿の締切り　⇒　繰越試算表の作成

(1)　決算振替手続

　帳簿上で収益・費用勘定に基づいた損益計算を行うには，これらの勘定残高を集合させる必要がある。このために設けられる勘定が**損益勘定**である。損益勘定に集合させる手続も仕訳と勘定転記を通じて行われるが，この時に行われる仕訳は**決算振替仕訳**と呼ばれる。

　すなわち，決算整理の手続によって各元帳の記録を整理・修正した後，総勘定元帳に損益勘定を設け，収益と費用の各勘定の残高を決算振替仕訳によって損益勘定に振り替える。この振替手続を**損益振替手続**といい，振替え後，収益および費用のすべての勘定が締め切られる。その後，損益勘定において当期純利益（または当期純損失）が計算される。

　損益勘定で算出された当期純利益（または当期純損失）は，資本金勘定と区別されるため繰越利益剰余金勘定（純資産）に振り替えられる。この振替えの手続を**資本振替手続**という。

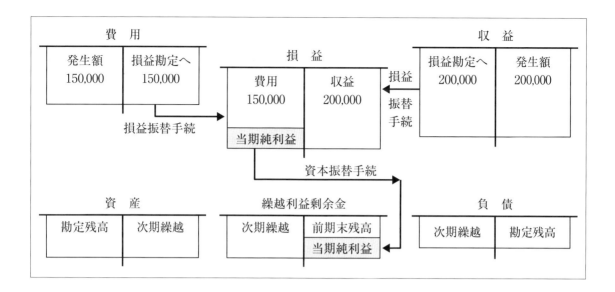

(2) 帳簿の締切りと繰越試算表

　純損益を繰越利益剰余金勘定に振り替えたあとは，まだ締め切っていない資産・負債・純資産の各勘定を締め切り，それぞれの残高を次期に繰り越す。

　この帳簿の締切り手続には，**英米式決算法**と**大陸式決算法**がある。

　本書では英米式決算法に基づいて説明している。英米式決算法では，仕訳を経ないで，直接，資産・負債・純資産の各勘定の上で繰越の処理を行う。具体的には，総勘定元帳上で，直接これらの勘定の貸借の差額を「**次期繰越**」として記入し，貸借合計額の一致を確認の上，各勘定を締め切る。なお，次年度の期首に，繰越した各金額を，資産勘定では借方に，負債・純資産勘定では貸方に，それぞれの摘要欄に「**前期繰越**」と記入した上で，開始記入を行う。

　こうした勘定への直接記入では，各勘定を締め切るまでの過程において検算が行われていないので，これらの手続が正確に行われたかを確認するために，**繰越試算表**を作成する。繰越試算表は，資産・負債・純資産の各勘定のそれぞれの「次期繰越」の金額を集合して作成される。

┃ Column

　　大陸式決算法は，英米式決算法とは異なり，諸勘定の帳簿締切と開始記入を含めたすべての手続を仕訳を通して行い，貸借を一致させます。すなわち，費用・収益・資産・負債・純資産のすべての勘定について，決算振替仕訳を行う方法です。費用および収益の諸勘定の残高を損益勘定に振り替えるところまでは英米式決算法と同じですが，資産・負債および純資産の諸勘定についても，それぞれの残高を，決算残高勘定（または残高勘定）に振り替えることによって締め切ります。さらに，翌期首に，開始残高勘定にその開始仕訳を行います。しかし実務上，大陸式決算法は複雑なため，あまり使われていません。

5 財務諸表

決算本手続が終了すると財務諸表が作成される。簿記の最終の目的は，経営成績と財政状態を明らかにする損益計算書と貸借対照表の作成である。

損益計算書は，会社の一定期間における経営成績（利益または損失）を表す決算書類で，一定期間に発生した収益と費用を表示することにより，当期純利益（または当期純損失）を表示するものである。

貸借対照表は，会社の一定時点（決算日）における財政状態，すなわち，資産・負債・純資産の期末残高を表示するものである。

財務諸表には，Ｔ字型を用いた**勘定式**（借方，貸方に分けて対照表示する形式）のほかに，**報告式**（損益計算書においては収益・費用，貸借対照表においては資産・負債・純資産を上下一列に表示する形式）もある。本章では，勘定式で説明する。

精算表において，損益計算書欄に記入した勘定科目および金額を一覧表にした会計報告書が損益計算書であり，貸借対照表欄に記入した勘定科目および金額を一覧表にした会計報告書が貸借対照表である。

6 財務諸表の作成方法

(1) 損益計算書の作成方法

損益計算書は，基本的に損益勘定（精算表の損益計算書欄）に基づいて作成され，損益勘定に記入された科目と金額を移記するだけでよいが，次のような点で異なっている。

① 損益計算書は，会社名，会計期間および金額の単位を明示する。

② 損益勘定の「売上」は，損益計算書では「**売上高**」として表示する。

③ 損益勘定の「仕入」は，損益計算書では「**売上原価**」として表示する。

④ 損益勘定から繰越利益剰余金勘定への振替額は，損益計算書では「**当期純利益**」または「**当期純損失**」になる。

Column

　会社が行う財務会計は，さまざまな法律等で規制されています。その主なものは，会社法，法人税法，金融商品取引法（金商法）です（これらの法律に付随する省令，規則等もあるので，これら３つの法律だけではありません）。また，業種によってはこれらとは別の法律によって規制されることもあります。これらの法律は，それぞれの目的の下で会計を規制していますが，会計全般にわたって規制するものではありません。そこで，会計基準が設定されています。

　もともと会計基準は，各国が独自に設定していました。しかし，現在のグローバル社会では，会計基準を国際的に統一しようとしています。その中心にあるのが，国際財務報告基準（IFRS）です。IFRS は，International Financial Reporting Standards の略です。会計学の講義等では，主にこれら会計基準の内容を学ぶことになるでしょう（もちろん法律に関する部分も出てきます）。

(2)　貸借対照表の作成方法

　貸借対照表は，基本的に繰越試算表（精算表の貸借対照表欄）に基づいて作成されるが，利害関係者に開示するため，次の点で異なっている。

　①　貸借対照表は，会社名，決算日および金額の単位を明示する。

　②　貸倒引当金や減価償却累計額は，それぞれの資産から控除する形式で貸借対照表に表示する。

　③　繰越試算表の「繰越商品」は，貸借対照表では「**商品**」として表示する。

　④　貸借対照表の「繰越利益剰余金」は，損益計算書で計算された当期純損益を「繰越利益剰余金」残高に加算した額で表示する。

　貸借対照表の表示については，勘定記入に従って借方表示・貸方表示を行う形式と，貸倒引当金勘定は売上債権（売掛金および受取手形）などの評価勘定，減価償却累計額勘定は固定資産（建物や備品など）の各勘定の評価勘定であるため，これらを主勘定から控除する形式がある。後者については例題2の中で示す。

Column

　貸借対照表や損益計算書では表示の仕方や科目の配列の仕方が決まっています。おおざっぱにいうと，資産と負債を，流動項目と固定項目に分け，「流動資産／流動負債 ⇒ 固定資産／固定負債」と並べる流動性配列法と「固定資産／固定負債⇒流動資産／流動負債」と並べる固定性配列法と言われる方法がありますが，日本では流動性配列法が多いと言われます。

Column

　株式会社に限らず，非営利組織でも会計は行われますが，その基本は会社の会計です。会計は，財務会計と管理会計に分けられます。一般に，財務会計は広く外部に情報を提供する会計，管理会計は企業内部での意思決定や業績評価に利用する会計と言われています。簿記は財務会計と関連します。簿記は財務会計を行う場ということができるでしょう。

例 題 1

稲佐山株式会社の第11期（20X2年4月1日から20X3年3月31日）の期末勘定残高は，精算表の残高試算表欄のとおりである。次の期末修正事項に基づいて決算整理仕訳をし，精算表を完成しなさい。精算表の記入については，単位を千円とする。

［資料］

(1) 期末商品棚卸高

期末棚卸数量　1,500個　　　実地棚卸数量　1,400個

単価　原価¥130　　時価¥120

棚卸減耗費と商品評価損は，売上原価に算入しない。

(2) 受取手形，売掛金および貸付金の期末残高に対し3％の貸倒れを見積もる。差額補充法により貸倒引当金を設定する。

(3) 建物および備品について定額法により減価償却を行う（間接法）。

建物：耐用年数30年　残存価額は取得原価の10％

備品：耐用年数4年　残存価額は取得原価の10％

(4) 保険料として計上されているものは全額が火災保険料である。これは20X2年8月1日に向こう1年分を支払ったものであり，その保険期間のうち4カ月分が未経過である。

(5) 借入金は20X2年7月1日に借り入れたものであり，それに関する支払利息は，年2回（6月末日と12月末日）の後払いである。

(6) 給料の未払分¥50,000がある。

(7) 貸付金に対する利息の前受分¥2,000がある。

精　算　表
20X3年 3 月31日　　　　　　　　（単位：千円）

勘　定　科　目	残高試算表		修正記入		損益計算書		貸借対照表	
	借　方	貸　方	借　方	貸　方	借　方	貸　方	借　方	貸　方
現　　　　　金	96							
受　取　手　形	180							
売　　掛　　金	220							
繰　越　商　品	180							
貸　付　金	200							
建　　　　物	600							
備　　　品	160							
支　払　手　形		153						
買　　掛　　金		120						
借　　入　　金		354						
貸　倒　引　当　金		7						
建物減価償却累計額		180						
備品減価償却累計額		36						
資　　本　　金		500						
繰越利益剰余金		3						
売　　　　上		1,870						
受　取　利　息		12						
仕　　　　入	1,224							
給　　　　料	320							
保　　険　　料	18							
支　払　利　息	12							
雑　　　　費	25							
	3,235	3,235						

解　答

精　算　表
20X3年 3 月31日　　　　　　　　　　　　（単位：千円）

勘定科目	残高試算表		修正記入		損益計算書		貸借対照表	
	借　方	貸　方	借　方	貸　方	借　方	貸　方	借　方	貸　方
現　　　　　金	96						96	
受　取　手　形	180						180	
売　　掛　　金	220						220	
繰　越　商　品	180		②195	①180			168	
				③ 13				
				④ 14				
貸　付　　金	200						200	
建　　　　物	600						600	
備　　　　品	160						160	
支　払　手　形		153						153
買　　掛　　金		120						120
借　　入　　金		354						354
貸　倒　引　当　金		7		⑤ 11				18
建物減価償却累計額		180		⑥ 18				198
備品減価償却累計額		36		⑥ 36				72
資　　本　　金		500						500
繰越利益剰余金		3						3
売　　　　上		1,870				1,870		
受　取　利　息		12	⑩ 2			10		
仕　　　　入	1,224		①180	②195	1,209			
給　　　　料	320		⑨ 50		370			
保　　険　　料	18			⑦ 6	12			
支　払　利　息	12		⑧ 6		18			
雑　　　　費	25				25			
	3,235	3,235						
棚　卸　減　耗　費			③ 13		13			
商　品　評　価　損			④ 14		14			
貸倒引当金繰入			⑤ 11		11			
減　価　償　却　費			⑥ 54		54			
前　払　保　険　料			⑦ 6				6	
未　払　利　息				⑧ 6				6
未　払　給　料				⑨ 50				50
前　受　利　息				⑩ 2				2
当　期　純　利　益					154			154
			531	531	1,880	1,880	1,630	1,630

決算整理仕訳（単位：千円）

(1)　期末商品棚卸高の処理

　　①　(借)　仕　　　　　入　180　　　(貸)　繰　越　商　品　180
　　②　(借)　繰　越　商　品　195　　　(貸)　仕　　　　　入　195
　　③　(借)　棚　卸　減　耗　費　13　　　(貸)　繰　越　商　品　13
　　④　(借)　商　品　評　価　損　14　　　(貸)　繰　越　商　品　14

(2)　貸倒引当金の設定

　　⑤　(借)　貸　倒　引　当　金　繰　入　11　　　(貸)　貸　倒　引　当　金　11

(3)　固定資産の減価償却

　　⑥　(借)　減　価　償　却　費　54　　　(貸)　建物減価償却累計額　18
　　　　　　　　　　　　　　　　　　　　　　　　備品減価償却累計額　36

(4)　費用収益の繰延べ・見越し

　　⑦　(借)　前　払　保　険　料　6　　　(貸)　保　　　険　　　料　6
　　⑧　(借)　支　払　利　息　6　　　(貸)　未　払　利　息　6
　　⑨　(借)　給　　　　　料　50　　　(貸)　未　払　給　料　50
　　⑩　(借)　受　取　利　息　2　　　(貸)　前　受　利　息　2

解　説

　修正記入欄は決算整理仕訳を記入する。解答の精算表修正記入欄に付している番号は，以下で説明する決算整理仕訳の番号に対応している。仕訳および精算表の説明で使用する単位は千円とする。

(1)　期末商品棚卸高の処理（第6章参照）

　A　資料(1)から，以下の計算ができる。

　　帳簿棚卸高：@¥130×1,500個＝¥195,000

　　棚卸減耗費：@¥130×（1,500個－1,400個）＝¥13,000

　　商品評価損：（@¥130－@¥120）×1,400個＝¥14,000

　　　決算整理仕訳で示すと，以下のとおりである。

　　①　(借)　仕　　　　　入　180　　　(貸)　繰　越　商　品　180
　　②　(借)　繰　越　商　品　195　　　(貸)　仕　　　　　入　195
　　③　(借)　棚　卸　減　耗　費　13　　　(貸)　繰　越　商　品　13
　　④　(借)　商　品　評　価　損　14　　　(貸)　繰　越　商　品　14

　B　精算表への記入方法

　　　各仕訳における勘定が記載されている行に対応する修正記入欄に借方と貸方を間違えずに金額を記入する。棚卸減耗費と商品評価損の各勘定がこの例題の精算表では表示されていないので，勘定科目欄に新規に追加する。

　　　繰越商品勘定については，残高試算表欄借方の¥180に，修正記入欄借方の¥195を加算し，修正記入欄貸方の¥207（＝180＋13＋14）を控除して求めた金額¥168が，貸借対照表欄の借方に記入される。

　　仕入勘定については，残高試算表欄借方の¥1,224に，修正記入欄借方の¥180を加算し，同欄貸方の¥195を控除した金額¥1,209が，損益計算書欄の借方に記入される。

　　新規に追加された棚卸減耗費勘定と商品評価損勘定については，修正記入欄借方の金額を，損益計算書欄借方に移記する。

⑵　貸倒引当金の設定（第9章を参照）

　Ａ　資料⑵から，債権（受取手形，売掛金および貸付金）の期末残高の合計額に対する貸倒見積額は，以下のように計算される。

　　　　貸倒見積額：（¥180＋¥220＋¥200）× 0.03 ＝ ¥18

　　貸倒引当金に関する決算整理仕訳は以下のとおりである。残高試算表より，貸倒引当金の期末残高が¥7あるので，決算整理仕訳では差額の¥11を補充すればよい。

　　⑤　（借）貸倒引当金繰入　11　　　　（貸）貸倒引当金　11

　Ｂ　精算表への記入方法

　　貸倒引当金繰入勘定がこの例題の精算表では表示されていないので，勘定科目欄に新規に追加する。貸倒引当金繰入勘定と貸倒引当金勘定に対応する修正記入欄にそれぞれ¥11を記入する。

　　また，貸倒引当金勘定については，残高試算表欄貸方の¥7に修正記入欄貸方の¥11を加算した金額¥18を貸借対照表欄の貸方に記入する。貸倒引当金繰入勘定については，修正記入欄借方の¥11を損益計算書欄借方に移記する。

⑶　固定資産の減価償却（第10章参照）

　Ａ　資料⑶から減価償却費の計算は以下のとおりである。

　建物減価償却費：（取得原価¥600 － 残存価額¥60）÷ 30年 ＝ ¥18

　備品減価償却費：（取得原価¥160 － 残存価額¥16）÷ 4 年 ＝ ¥36

　　上記の 2 つの減価償却費をまとめた決算整理仕訳（間接法）は，次のとおりである。

　　⑥　（借）減 価 償 却 費　54　　　　（貸）建物減価償却累計額　18

　　　　　　　　　　　　　　　　　　　　　　備品減価償却累計額　36

　Ｂ　精算表への記入方法

　　減価償却費勘定がこの例題の精算表では表示されていないので，勘定科目欄に新規に追加する。各減価償却累計額勘定については，残高試算表欄貸方の金額に修正記入欄貸方の金額を加算した金額を貸借対照表欄の貸方に記入する。

　　減価償却費については，整理記入欄借方の金額を損益計算書欄借方に移記する。

⑷　保険料の繰延べ（第13章の「費用の繰延べ」を参照）

　Ａ　資料⑷から，以下の計算ができる。

$$¥18 × \frac{4 \text{カ月（20X3年 4 月 1 日～20X3年 7 月31日）}}{12 \text{カ月（20X2年 8 月 1 日～20X3年 7 月31日）}} ＝ ¥6$$

　　1 年分の支払保険料¥18のうち， 4 カ月分の¥6が次年度分なので，以下の決算整理仕訳によって繰延処理をする。

　　⑦　（借）前払保険料　6　　　　（貸）保 険 料　6

B　精算表への記入方法

前払保険料勘定がこの例題の精算表では表示されていないので，勘定科目欄に新規に追加する。保険料勘定に対応する修正記入欄貸方と前払保険料勘定に対応する修正記入欄の借方にそれぞれ￥6を記入する。

保険料勘定については，残高試算表借方の￥18から修正記入欄貸方の￥6を控除した金額￥12を損益計算書欄借方に記入する。

前払保険料勘定については修正記入欄借方の金額を貸借対照表欄借方に移記する。

⑸　支払利息の見越し（第13章の「費用の見越し」を参照）

A　資料⑸から，残高試算表の支払利息勘定の￥12は，12月末日に支払った6カ月分である。したがって，前回利払日から決算日まで3カ月分の利息￥6を見越し処理する。決算整理仕訳は以下のとおりである。

⑧　（借）支 払 利 息　6　　　　（貸）未 払 利 息　6

B　精算表への記入方法

未払利息勘定がこの例題の精算表では表示されていないので，勘定科目欄に新規に追加する。支払利息勘定に対応する修正記入欄借方と未払利息勘定に対応する修正記入欄の貸方にそれぞれ6を記入する。

支払利息勘定については，残高試算表借方の￥12に修正記入欄借方の￥6を加算した金額￥18を損益計算書欄の借方に記入する。

未払利息勘定については修正記入欄貸方の金額を貸借対照表欄貸方に移記する。

⑹　給料の見越し（第13章の「費用の見越し」を参照）

A　資料⑹から，給料￥50を見越し処理するための決算整理仕訳は，以下のとおりである。

⑨　（借）給　　　料　50　　　　（貸）未 払 給 料　50

B　精算表への記入方法

未払給料勘定がこの例題の精算表では表示されていないので，勘定科目欄に新規に追加する。給料勘定の修正記入欄借方と，未払給料勘定の修正記入欄の貸方に￥50を記入する。

給料勘定については，残高試算表借方の￥320に修正記入欄借方の￥50を加算した金額￥370を損益計算書欄借方に記入する。

未払給料勘定については修正記入欄貸方の￥50を貸借対照表欄貸方に移記する。

⑺　受取利息の繰延べ（第13章の「収益の繰延べ」を参照）

A　資料⑺から，受取利息￥2を繰延処理するための決算整理仕訳は，以下のとおりである。

⑩　（借）受 取 利 息　2　　　　（貸）前 受 利 息　2

B　精算表への記入方法

前受利息勘定がこの例題の精算表では表示されていないので，勘定科目欄に新規に追加する。受取利息勘定の修正記入欄借方と，前受利息勘定の修正記入欄の貸方に￥2を記入する。

受取利息勘定については，残高試算表貸方の￥12に修正記入欄借方の￥2を減算した金額￥10を損益計算書欄の貸方に記入する。

前受利息勘定については修正記入欄貸方の￥2を貸借対照表欄貸方に移記する。

※修正記入欄に記載のない勘定科目については，残高試算表欄に記載されている金額を，貸借対照表欄あるいは損益計算書欄に，借方・貸方をまちがえずに移記する。

例 題 2

　福岡株式会社の損益勘定と繰越試算表は以下のとおりである。これらから，損益計算書および貸借対照表を作成しなさい。ただし，会計期間は20X4年4月1日から20X5年3月31日である。なお，期首に繰越利益剰余金の残高はなかったものとする。

損　　益

仕　　　　　入	262,000	売　　　　　上		550,000
給　　　　　料	120,000			
支　払　家　賃	36,000			
保　　険　　料	23,000			
貸倒引当金繰入	2,000			
減　価　償　却　費	36,000			
支　払　利　息	15,000			
繰越利益剰余金	56,000			
	550,000			550,000

繰越試算表

借　　　　方	勘　定　科　目	貸　　　　方
80,000	現　　　　　金	
200,000	売　　掛　　金	
	貸　倒　引　当　金	6,000
120,000	繰　越　商　品	
400,000	備　　　　　品	
	減価償却累計額	144,000
	買　　掛　　金	74,000
	借　　入　　金	300,000
	資　　本　　金	220,000
	繰越利益剰余金	56,000
800,000		800,000

解 答

損益計算書

福岡株式会社　　自20X4年4月1日　至20X5年3月31日　　（単位：円）

費　　　用	金　　額	収　　　益	金　　額
売 上 原 価	262,000	売　上　高	550,000
給　　　料	120,000		
支 払 家 賃	36,000		
保 　険 　料	23,000		
貸倒引当金繰入	2,000		
減 価 償 却 費	36,000		
支 払 利 息	15,000		
当 期 純 利 益	56,000		
	550,000		550,000

貸借対照表

福岡株式会社　　　　　　　20X5年3月31日　　　　　　（単位：円）

資　　　産	金　額		負債・資本	金　額
現　　　金		80,000	買　掛　金	74,000
売　掛　金	200,000		借　入　金	300,000
貸 倒 引 当 金	6,000	194,000	資　本　金	220,000
商　　　品		120,000	繰越利益剰余金	56,000
備　　　品	400,000			
減価償却累計額	144,000	256,000		
		650,000		650,000

問題1

　次の(I)決算整理前残高試算表と，(II)棚卸表に基づく決算整理仕訳を行い，決算整理後残高試算表を完成しなさい。決算整理後残高試算表は，(II)で求めた決算整理仕訳の金額を(I)に示す決算整理前残高試算表の関連する勘定に加減して作成する。ただし，会計期間は20X0年4月1日から20X1年3月31日である。

　(I)　決算整理前残高試算表

決算整理前残高試算表

20X1年3月31日　　　（単位：円）

借　　方	勘 定 科 目	貸　　方
163,000	現　　　　　金	
1,151,000	当 座 預 金	
250,000	売　　掛　　金	
10,000	貸　付　　金	
88,000	繰 越 商 品	
2,000,000	建　　　　　物	
	買　　掛　　金	560,000
	借　　入　　金	500,000
	貸 倒 引 当 金	1,000
	減価償却累計額	900,000
	資　　本　　金	1,000,000
	繰越利益剰余金	1,000
	売　　　　　上	950,000
100,000	仕　　　　　入	
88,000	給　　　　　料	
40,000	支 払 地 代	
12,000	保　険　　料	
10,000	消 耗 品 費	
3,912,000		3,912,000

(Ⅱ)　棚卸表

棚 卸 表

20X1年３月31日　　　　　　　　　　　（単位：円）

勘　定　科　目	摘　　　　　要	内　　訳	金　　額
繰　越　商　品	帳簿棚卸高　　A商品　100個　@￥900	90,000	
	棚卸減耗費　　　　　　　10個　@￥900	9,000	
	商品評価損　　　　　　　90個　@￥100	9,000	72,000
売　　掛　　金	帳簿残高	250,000	
	貸倒引当金見積額　　　売掛金残高の２％	5,000	
	貸倒引当金帳簿残高	1,000	
	貸倒引当金補充額	4,000	245,000
建　　　　　物	取得価額（残存価額：取得原価の10％）	2,000,000	
	減価償却累計額	900,000	
	当期償却費（耐用年数40年　定額法）	45,000	1,055,000
前　払　保　険　料	火災保険料（１年分）	12,000	
	経過分　８カ月	8,000	4,000
未　払　地　代	経過分　２カ月		4,000
消　耗　品　費	期末在庫		3,000

（決算整理仕訳）

決算整理後残高試算表

20X1年3月31日　　（単位：円）

借　　方	勘　定　科　目	貸　　方
163,000	現　　　　　金	
1,151,000	当　座　預　金	
250,000	売　　掛　　金	
10,000	貸　　付　　金	
☐	繰　越　商　品	
2,000,000	建　　　　　物	
	買　　掛　　金	560,000
	借　　入　　金	500,000
	貸　倒　引　当　金	☐
	減価償却累計額	☐
	資　　本　　金	1,000,000
	繰越利益剰余金	☐
	売　　　　　上	950,000
☐	仕　　　　　入	
88,000	給　　　　　料	
☐	支　払　地　代	
☐	保　　険　　料	
☐	消　耗　品　費	
☐	棚　卸　減　耗　費	
☐	商　品　評　価　損	
☐	消　　耗　　品	
☐	貸倒引当金繰入	
☐	減　価　償　却　費	
☐	前　払　保　険　料	
	未　払　地　代	☐
☐		☐

問題 2

　西山株式会社の第2期（20X1年4月1日から20X2年3月31日）の期末勘定残高は，精算表の残高試算表欄のとおりである。次の［資料］として示す期末修正事項に基づいて精算表を作成しなさい。

　［資料］

　⑴　期末商品棚卸高¥500,000である。売上原価は「仕入」の行で計算すること。

　⑵　売掛金勘定の期末残高に対し3％の貸倒れを見積もり，差額補充法により貸倒引当金を設定する。

　⑶　備品について残存価額を取得原価の10％，耐用年数を10年とし，定額法によって減価償却費を計上する。

精　算　表

20X2年3月31日　　　　　　　　　　　（単位：円）

勘定科目	残高試算表 借方	残高試算表 貸方	修正記入 借方	修正記入 貸方	損益計算書 借方	損益計算書 貸方	貸借対照表 借方	貸借対照表 貸方
現　　　　金	960,000							
売　掛　金	700,000							
備　　　　品	450,000							
減価償却累計額		40,500						
繰 越 商 品	300,000							
買　掛　金		550,000						
貸倒引当金		1,000						
借　入　金		800,000						
資　本　金		1,000,000						
繰越利益剰余金		10,000						
売　　　　上		1,350,000						
仕　　　　入	1,200,000							
給　　　料	141,500							
貸倒引当金繰入								
減価償却費								
当期純利益								
	3,751,500	3,751,500						

問題3

　中川株式会社の第5期（20X1年4月1日から20X2年3月31日）の期末勘定残高は，精算表の残高試算表欄のとおりである。次の資料に基づいて，精算表を完成しなさい。なお，精算表の記入については，単位を千円とする。

　〔資料〕

(1)　現金の実際有高は¥80,000であった。不足額は原因不明のため雑損として処理することにした。
　　現金過不足勘定を使わず，直接，現金勘定の修正記入欄に記入すること。

(2)　受取手形と売掛金の期末残高に対して2％の貸倒れを見積もる（差額補充法）。

(3)　仮払消費税と仮受消費税の差額を未払消費税として計上した。

(4)　期末商品棚卸高

　　　　期末棚卸数量　600個　　実地棚卸数量　580個

　　　1個当たり単価　原価¥2,500　時価¥2,400

　　なお，商品の評価は低価法による。ただし，棚卸減耗損と商品評価損は，売上原価に算入しない。

　　売上原価の計算は「仕入」の行で行う。

(5)　建物：定額法　耐用年数30年　残存価額は取得原価の10％

　　　備品：定額法　耐用年数3年　残存価額は取得原価の10％

(6)　消耗品の期末未消費高は¥20,000であった。

(7)　保険料は20X1年9月1日にその日から1年分の火災保険料を支払ったものである。

(8)　借入金は20X2年1月1日に借り入れたものである。それに関する支払利息は年利率4％であり，年2回（6月末日と12月末日）の後払いである。

精　算　表
20X2年3月31日　　　　　　　　　　　　　　　　（単位：千円）

勘定科目	残高試算表		修正記入		損益計算書		貸借対照表	
	借方	貸方	借方	貸方	借方	貸方	借方	貸方
現　　　　　金	100							
当 座 預 金	2,990							
受 取 手 形	1,750							
売 　掛　 金	2,250							
仮 払 消 費 税	560							
繰 越 商 品	1,350							
建　　　　　物	3,600							
備　　　　　品	1,000							
支 払 手 形		1,350						
買 　掛　 金		1,600						
借 　入　 金		3,000						
仮 受 消 費 税		590						
貸 倒 引 当 金		20						
建物減価償却累計額		108						
備品減価償却累計額		300						
資 　本　 金		6,000						
繰 越 利 益 剰 余 金		20						
売　　　　　上		5,258						
仕 　　　　入	3,682							
給　　　　　料	620							
消 耗 品 費	160							
保 　険　 料	120							
雑　　　　　費	64							
	18,246	18,246						

問題4

　佐世保株式会社の第 X1期（20X1年10月１日から20X2年９月30日）の期末勘定残高は，精算表の残高試算表欄のとおりである。次の資料にもとづいて，精算表を完成しなさい。なお，精算表の記入については，単位を千円とする。

　［資料］

(1) 現金の実際有高が帳簿有高よりも¥7,000多いことが判明したが，原因不明のため雑益として処理することにした。現金勘定の修正記入欄に記入すること。

(2) 売上債権および貸付金の期末残高に対して３％の貸倒引当金を設定する（差額補充法）。

(3) 期末商品棚卸高

　　　　期末棚卸数量　500個　　　実地棚卸数量　450個

　　　　１個当たり単価　原価¥380　時価¥360

　　なお，商品の評価は低価法による。ただし，棚卸減耗損と商品評価損は，売上原価に算入しない。

　　売上原価の計算は「仕入」の行で行う。

(4) 消耗品の期末未消費高は¥5,000であった。

(5) 固定資産の減価償却を，次のとおり行う。

　　　建物：定額法　耐用年数30年　残存価額は取得価額の10%

　　　備品：定額法　耐用年数６年　残存価額は取得原価の10%

(6) 支払家賃は11カ月分で，９月が未払いとなっている。

(7) 保険料は20X1年10月１日に２年分を支払ったものである。

(8) 貸付金¥100,000は20X2年８月１日に期間１年，年利率６％で貸し付けたもので，利息は返済期日に元金とともに受け取る約束である。利息は月割計算により見越し計上する。

精　算　表

20X2年9月30日　　　　　　　　　　　　　　　　　（単位：千円）

勘　定　科　目	残高試算表		修正記入		損益計算書		貸借対照表	
	借　方	貸　方	借　方	貸　方	借　方	貸　方	借　方	貸　方
現　　　　　金	100							
当　座　預　金	1,260							
受　取　手　形	350							
売　　掛　　金	250							
繰　越　商　品	180							
貸　付　　金	100							
消　耗　　品	25							
建　　　物	9,000							
備　　　品	200							
支　払　手　形		178						
買　　掛　　金		338						
借　　入　　金		400						
貸　倒　引　当　金		7						
建物減価償却累計額		3,510						
備品減価償却累計額		30						
資　　本　　金		6,000						
繰　越　利　益　剰　余　金		4						
売　　　　　上		2,409						
受　取　配　当　金		10						
受　取　利　息		6						
雑　　　　益		12						
仕　　　　入	971							
給　　　料	284							
支　払　家　賃	132							
保　険　　料	24							
支　払　利　息	25							
雑　　　　損	3							
	12,904	12,904						

128

問題5

次の棚卸表に基づいて，精算表を完成しなさい。なお，精算表の単位は千円とする。

棚　卸　表
20X1年12月31日　　　　　　（単位：円）

勘定科目	適　　要	金額
現金過不足	切手代金支払いの記帳漏れ（現金勘定で整理）	1,000
繰越商品	帳簿棚卸高　A商品@100×600個　　　　　　　　　60,000 　　　　　　　B商品@150×500個　　　　　　　　　75,000 棚卸減耗費　A商品@100× 50個　　　　　　　　　5,000 商品評価損　B商品@ 18×500個　　　　　　　　　9,000	121,000
貸倒引当金繰入	売掛金，受取手形および貸付金の残高に対して3％の貸倒引当金を　42,000 見積もる。 　貸倒引当金残高　　　　　　　　　　　　　　　　30,000	12,000
消耗品	期末未使用高	70,000
減価償却費	備品：取得原価¥200,000 残存価額はゼロ，耐用年数10年（定額法）（間接法）	20,000
前払保険料	保険料に対する前払分（4カ月分）	4,000
未払利息	借入金に対する支払利息の未払高	6,000
前受家賃	家賃前受高（4カ月分）	4,000
未収地代	地代未収高（3カ月分）	6,000
合　計		244,000

精　算　表
20X1年12月31日　　　　　　　　　　　（単位：千円）

勘　定　科　目	残高試算表		修正記入		損益計算書		貸借対照表	
	借　方	貸　方	借　方	貸　方	借　方	貸　方	借　方	貸　方
現　　　　　金	100							
当　座　預　金	905							
受　取　手　形	300							
売　　掛　　金	600							
繰　越　商　品	150							
貸　　付　　金	500							
消　　耗　　品	100							
土　　　　　地	800							
備　　　　　品	200							
支　払　手　形		178						
買　　掛　　金		338						
借　　入　　金		400						
貸　倒　引　当　金		30						
備品減価償却累計額		40						
資　　本　　金		2,500						
繰　越　利　益　剰　余　金		50						
売　　　　　上		1,459						
受　取　配　当　金		50						
受　取　家　賃		12						
受　取　地　代		18						
仕　　　　　入	1,062							
給　　　　　料	280							
通　　信　　費	5							
支　払　家　賃	32							
保　　険　　料	12							
支　払　利　息	26							
雑　　　　　損	3							
	5,075	5,075						

問題6

片淵株式会社の決算整理後残高試算表は以下のとおりである。これから，損益計算書および貸借対照表を作成しなさい。ただし，会計期間は20X4年10月1日から20X5年9月30日であり，金額の単位は千円である。

決算整理後残高試算表
20X5年9月30日　　　（単位：千円）

借　　　方	勘　定　科　目	貸　　　方
81	現　　　　　金	
266	当　座　預　金	
350	受　取　手　形	
250	売　　掛　　金	
388	繰　越　商　品	
5	貯　　蔵　　品	
10,800	建　　　　　物	
200	備　　　　　品	
	支　払　手　形	178
	買　　掛　　金	338
	借　　入　　金	400
	貸　倒　引　当　金	18
	建物減価償却累計額	324
	備品減価償却累計額	60
	資　　本　　金	10,000
	繰越利益剰余金	1,300
	売　　　　　上	1,523
	受　取　配　当　金	16
942	仕　　　　　入	
284	給　　　　　料	
10	保　　険　　料	
144	支　払　家　賃	
27	支　払　利　息	
20	租　税　公　課	
11	貸倒引当金繰入	
344	減　価　償　却　費	
19	棚　卸　減　耗　費	
9	商　品　評　価　損	
17	雑　　　　　損	
4	前　払　保　険　料	
	未　払　家　賃	12
	未　払　利　息	2
14,171		14,171

損　益　計　算　書

片淵株式会社　　20X4年10月１日から20X5年９月30日　　（単位：千円）

費　　用	金　　額	収　　益	金　　額

貸　借　対　照　表

片淵株式会社　　　　　　　20X5年９月30日　　　　　　（単位：千円）

資　　産	金　　額	負債・純資産	金　　額

問題7

　雲仙株式会社の20X4年12月31日の(I)残高試算表と(II)決算整理事項は，次のとおりである。これらの資料に基づいて，(1)決算整理仕訳を示し，(2)決算整理後の残高試算表を作成するとともに，(3)損益計算書と貸借対照表を作成しなさい。会計期間は20X4年1月1日から20X4年12月31日である。

(I)　残高試算表

残高試算表
20X4年12月31日　　　　（単位：円）

借　　　方	勘　定　科　目	貸　　　方
20,000	現　　　　　金	
200,000	当　座　預　金	
300,000	受　取　手　形	
100,000	売　　掛　　金	
250,000	貸　　付　　金	
80,000	繰　越　商　品	
30,000	仮　払　法　人　税　等	
500,000	建　　　　　物	
150,000	備　　　　　品	
	支　払　手　形	200,000
	買　　掛　　金	100,000
	借　　入　　金	400,000
	貸　倒　引　当　金	2,000
	建物減価償却累計額	225,000
	備品減価償却累計額	54,000
	資　　本　　金	400,000
	繰　越　利　益　剰　余　金	50,000
	売　　　　　上	869,000
	受　取　利　息	10,000
	受　取　家　賃	60,000
380,000	仕　　　　　入	
260,000	給　　　　　料	
60,000	保　　険　　料	
30,000	法　定　福　利　費	
10,000	雑　　　　　費	
2,370,000		2,370,000

(Ⅱ) 決算整理事項

(1) 期末商品棚卸高は¥90,000である。

(2) 受取手形と売掛金の期末残高に対して3％の貸倒れを見積もる（差額補充法）。

(3) 建物と備品に対して定額法により減価償却を行う。残存価額は建物，備品ともに取得原価の10％であり，耐用年数は建物20年，備品10年とする。

(4) 貸付金の利息¥5,000が未収である。

(5) 受取家賃は6カ月分で，経過期間は4カ月である。

(6) 保険料は20X4年8月1日に向こう1年分を支払ったものである。

(7) 法定福利費¥15,000が未払いである。

(8) 借入金は20X4年5月1日に借入れ期間1年，年利率6％で借り入れたものであり，利息は返済時に支払うことになっている。利息は月割計算による。

(9) 法人税，住民税及び事業税が¥68,000と計算されたので，仮払法人税等を控除した金額を未払法人税等に計上した。

　　仕　　訳

(1)

(2)

(3)

(4)

(5)

(6)

(7)

(8)

(9)

(2)　決算整理後の残高試算表

決算整理後残高試算表

20X4年12月31日　　　　（単位：円）

借　　　方	勘　定　科　目	貸　　　方
	現　　　　　　　金	
	当　座　預　金	
	受　取　手　形	
	売　　掛　　金	
	貸　　付　　金	
	繰　越　商　品	
	建　　　　　物	
	備　　　　　品	
	支　払　手　形	
	買　　掛　　金	
	借　　入　　金	
	貸　倒　引　当　金	
	建物減価償却累計額	
	備品減価償却累計額	
	未　払　法　人　税　等	
	資　　本　　金	
	繰　越　利　益　剰　余　金	
	売　　　　　上	
	受　取　利　息	
	受　取　家　賃	
	仕　　　　　入	
	給　　　　　料	
	保　　険　　料	
	法　定　福　利　費	
	雑　　　　　費	
	貸　倒　引　当　金　繰　入	
	減　価　償　却　費	
	支　払　利　息	
	前　払　保　険　料	
	未　収　利　息	
	前　受　家　賃	
	未　払　法　定　福　利　費	
	未　払　利　息	
	法人税，住民税及び事業税	

(3)　損益計算書と貸借対照表の作成

損益計算書

雲仙株式会社　　自20X4年 1 月 1 日　至20X4年12月31日　　　（単位：円）

費　　　　用	金　　　額	収　　　　益	金　　　額
売 上 原 価		売　　上　　高	
給　　　料		受 取 利 息	
保　険　料		受 取 家 賃	
法 定 福 利 費			
貸倒引当金繰入			
減 価 償 却 費			
雑　　　費			
支 払 利 息			
法人税, 住民税及び事業税			
当 期 純 利 益			

貸借対照表

雲仙株式会社　　　　　　　　20X4年12月31日　　　　　　　（単位：円）

資　　　産	金　　　額	負債・純資産	金　　　額
現　　　金		支 払 手 形	
当 座 預 金		買　掛　金	
受 取 手 形		借　入　金	
貸 倒 引 当 金		未払法定福利費	
売　掛　金		未 払 利 息	
貸 倒 引 当 金		前 受 家 賃	
貸　付　金		未 払 法 人 税	
商　　　品		資　本　金	
建　　　物		繰越利益剰余金	
減価償却累計額			
備　　　品			
減価償却累計額			
前 払 保 険 料			
未 収 利 息			

補　章
工業簿記への入口

　これまで解説の対象にしてきた会社は，主にスーパーやコンビニなどの商品販売業，すなわち流通業である。流通業とは別の業態にメーカー，すなわち製造業がある。流通業の会社と製造業の会社ではビジネスモデルが異なり，その違いが簿記の記録・計算の手続に反映されてくる。

　流通業の会社のビジネスモデルは，原則として商品などを仕入れて販売することである。このため流通業の会社のビジネスモデルは比較的簡単なものとなり，このことに応じて記録・計算の手続の複雑さも軽減されることになる。

　他方，製造業の会社のビジネスモデルは，原材料を仕入れて，それを製造現場で加工し，製品として完成させ，その製品を販売するものなので，そこには製造と販売という主要な2つのプロセスが存在する。したがって，製造業の会社は主に販売業務を生業とする流通業の会社よりも記録・計算の手続が複雑なものになる。

　このように製造業の会社には流通業の会社にはない製造という業務があり，この業務があるがゆえに，どれくらいの原材料を調達して，調達した原材料をどのくらい消費して製品として加工し，最終的にその製品はいくらで完成したのかという製品の製造に関する記録・計算の手続，すなわち原価計算が必要不可欠なものになる。加えて製造した製品の販売という業務を行うことになるので，販売という面での記録・計算の手続も必要になる。このことを反映して，簿記の学習は，記録・計算手続の複雑さの違いから，最初に流通業の会社を対象にして，次に製造業の会社を対象にするという順番で行われる。

　以上のことから日商簿記検定試験でいうとその2級で出題される工業簿記とは，その名前からイメージされるように，いわばメーカーの簿記であり，記録・計算の手続の面では，主に製品の製造に関わる部分と製品の販売に関わる部分から構成されているといえよう。そして工業簿記では，メーカーの簿記であるがゆえに製品の製造に関わる記録・計算の手続の部分，すなわち原価計算についての学習のウェイトが高くなっているのである。

　工業簿記がメーカーの簿記であり，原価計算の学習部分のウェートが高いものであるなら，原価計算とは一体どのような考えのもとに行われるものなのであろうか。原価計算では，原材料を発注し，それが倉庫に入庫され，そして製造現場で製品へと加工されていくというモノの流れに従って，記録・計算が行われる。ここで注意すべきは，製品を製造するために投入される資源は原材料だけではないということである。つまり，製品の製造には原材料のみならず製品を製造するための労働力，光熱費や保険料なども必要なのである。このため原価計算では，まず原価を原材料の消費である材料費，労働力の消費である労務費，原材料や労働力以外の資源の消費である経費に分類し記録・計算することになる。原価計算ではこのことを費目別計算といい，原価計算はこの費目別計算の後に，費目別に集計された原価を発生する場所や機能の別に再集計する部門別計算，そして製品単位ごとに原価を集計する製品別計算という順番で実施される。

　このように原価計算は，具体的には，費目別計算 ⇒ 部門別計算 ⇒ 製品別計算というプロセスの記

録・計算の手続である。製造業の会社はこの原価計算がもたらす情報をベースに，売上原価を算定し，期間損益計算に利用するとともに，例えば製品が当初の計画通りに製造できたかどうかを検討するための資料としても利用するのである。

　また，既述のように工業簿記には完成させた製品の販売という面での記録・計算の部分もあるが，製品を製造し，販売する製造業の会社と，商品を仕入れ，販売する商品販売業の会社では異なった仕訳が行われる。すでに学習したように，流通業の会社では，商品の仕入れ販売の際に３分法に従って以下のような仕訳を行った。

　[(i)　原価¥200,000の商品を掛けで仕入れた。]

　　　（借）仕　　　入　200,000　　　（貸）買　掛　金　200,000

　[(ii)　上記商品を¥300,000で掛売りした。]

　　　（借）売　掛　金　300,000　　　（貸）売　　　上　300,000

　製造業の会社の場合，製品を完成させ，その製品を販売した際には次のような仕訳を行う。

　[(i)　原価¥200,000の製品が完成した。]

　　　（借）製　　　品　200,000　　　（貸）仕　掛　品　200,000

　製造業の会社では製品が完成した際には，**仕掛品勘定**（製造勘定ともいう）（資産）という製造過程にあるものを示す勘定から，完成品を示す**製品勘定**（資産）への振替仕訳を行う。

　[(ii)　上記製品を¥300,000で掛売りした。]

　　　（借）売　掛　金　300,000　　　（貸）売　　　上　300,000
　　　　　売 上 原 価　200,000　　　　　製　　　品　200,000

　製造業の会社の場合は，製品を販売した際には掛売りによる収益¥300,000を計上する仕訳に加えて，原価¥200,000の製品の販売を行ったので資産である製品が¥200,000減り，原価¥200,000の製品の販売を通じて売上原価という費用が¥200,000発生したという仕訳も行うのである。

　以上のように工業簿記では，対象がメーカーであるがゆえに，原価計算という新たに学習しなければならないウェートの高い部分や，これまで学習してきた仕訳とは異なる仕訳をするところなどがある。工業簿記の学習では，これらの点に留意する必要がある。

長崎大学会計学研究室

岡田　裕正（長崎大学教授）　第8章～第10章

小野　哲（長崎大学准教授）　第5章～第7章，補章

徐　陽（長崎大学教授）　第11章～第14章

林川万理水（長崎大学准教授）第1章～第4章

入門テキスト 商業簿記〈第2版〉

2014年4月1日　第1版第1刷発行
2019年9月10日　第1版第3刷発行
2021年4月10日　第2版第1刷発行

編　者　長崎大学会計学研究室
発行者　山　本　　　継
発行所　㈱中央経済社
発売元　㈱中央経済グループ
　　　　パブリッシング

〒101-0051　東京都千代田区神田神保町1-31-2
電 話　03（3293）3371（編集代表）
　　　　03（3293）3381（営業代表）
https://www.chuokeizai.co.jp
印　刷／東光整版印刷㈱
製　本／誠製本㈱

＊頁の「欠落」や「順序違い」などがありましたらお取り替えいたしますので発売元までご送付ください。（送料小社負担）

ISBN978-4-502-37441-8 C3034

本書で出てくる簿記に関する専門用語一覧

本書で学んだ専門用語のいくつかを以下に示す。これらは会計学等の学習の基礎ともなる。参考までに英語による表記もつけているが，このほかの表記もあるので注意してほしい。なお，勘定科目名と重複するものについては割愛した。たとえば，現金は，現金勘定で代替している。

移動平均法	moving average method	第6章	
受取手形記入帳	bill receivable book	第7章	
裏書譲渡	endorsement	第7章	
売上総利益	gross margin	第6章	
売上高	sales	第14章	
売上帳	sales book	第5章	
売上戻り	sales return	第5章	
売掛金元帳	accounts receivable ledger	第5章	
英米式決算法	English form of closing the ledger	第14章	
営利活動	profit-making activity	第1章	
買掛金元帳	accounts payable ledger	第5章	
会計期間	accounting period	第1章	
会計年度	accounting period	第1章	
貸方	creditor	第1章	
貸倒れ	bad debt	第9章	
借方	debtor	第1章	
仮勘定	suspense account	第4章	
勘定	account	第1章	
勘定転記	posting	第1章	
期首	beginning of the year	第1章	
期首商品棚卸高	beginning inventory	第6章	
期末	end of the year	第1章	
期末商品棚卸高	ending inventory	第6章	
金融手形	accommodation bill	第7章	
繰越試算表	closing trial balance	第3章，	第14章
繰延べ	deferment	第13章	
経営成績	operating result	第1章	
経過勘定	deferred and accrued accounts	第13章	
決算	closing account	第3章，	第14章
決算整理	closing adjustment	第3章，	第14章
決算整理仕訳	adjusted journal entry	第3章，	第14章
決算整理前試算表	pre-closing trial balance	第3章，	第14章
決算手続	closing procedures	第1章，第3章，第14章	
決算日	closing date	第1章	
決算本手続	regular closing procedure	第1章，第3章，第14章	
決算予備手続	preliminary closing procedures	第1章，第3章，第14章	
原価計算	cost accounting	補章	
減価償却	depreciation	第3章，	第10章
現金出納帳	cash book	第4章	
工業簿記	industrial bookkeeping	補章	
小口現金出納帳	petty cash book	第4章	
債権	claim	第5章，第7章，第8章	
再振替仕訳	reversing entry	第13章	
債務	debt	第5章，第7章，第8章	
財政状態	financial position	第1章，	第14章
財務諸表	financial statements	第1章，	第14章
先入先出法	First-in First-out method	第6章	
残存価額	scrap value	第10章	